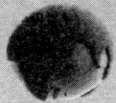

U0652658

青少年应该知道的
交通百科知识

刘 艳◎编著

在未知领域 我们努力探索
在已知领域 我们重新发现

延边大学出版社

图书在版编目（CIP）数据

青少年应该知道的交通百科知识 / 刘艳编著 .
—延吉：延边大学出版社，2012.4（2021.1 重印）
ISBN 978-7-5634-3954-6

Ⅰ .①青… Ⅱ .①刘… Ⅲ .①交通—青年读物
②交通—少年读物 Ⅳ .① U-49

中国版本图书馆 CIP 数据核字 (2012) 第 051752 号

青少年应该知道的交通百科知识

————————————————————————————————

编　　　著：刘　艳
责 任 编 辑：林景浩
封 面 设 计：映象视觉
出 版 发 行：延边大学出版社
社　　　址：吉林省延吉市公园路 977 号　　邮编：133002
网　　　址：http://www.ydcbs.com　　E-mail：ydcbs@ydcbs.com
电　　　话：0433-2732435　　传真：0433-2732434
发行部电话：0433-2732442　　传真：0433-2733056
印　　　刷：唐山新苑印务有限公司
开　　　本：16K　690×960 毫米
印　　　张：10 印张
字　　　数：120 千字
版　　　次：2012 年 4 月第 1 版
印　　　次：2021 年 1 月第 3 次印刷
书　　　号：ISBN 978-7-5634-3954-6

————————————————————————————————

定　　　价：29.80 元

前 言 ●●●●●●●
Foreword

　　交通，作为行使国家权力的神经和大动脉，与战争和国防有着不解之缘。发达的交通运输业、完善的交通网络，不仅是社会进步、经济发达的象征，也是国防实力的重要体现。

　　交通是国民经济的基础产业，也是社会发展和人民生活水平提高的基本条件。随着科技的不断进步，经济的不断发展，我国的交通事业也在迅猛地发展。每天都能看见各种各样的车辆川流不息地行驶在路上，而车辆也是现代人们出行必不可少的重要交通工具。为了大家的出行安全和道路顺畅，我国颁布了一系列的交通安全法规，进一步加强中学生的安全意识。我们不仅要不断地学习与普及交通安全知识，而且要不断地提高自身的交通文明素质。每个人都要养成自觉遵守交通法规的良好习惯。

　　虽然交通工具很方便，但也给人们带来了很多方面的麻烦。城市在

规划的同时也带来了交通的规划，这样会占用大量的土地，耕地面积也就相应地大量减少；而且由于交通道路的拥挤，交通秩序的混乱，给人们的出行造成了一定的影响，使大把的时间都浪费在了路上。虽然现在不断改善，但道路的容量仍然不足，主要原因是道路建设增长的速度比较缓慢，而车辆的增长速度却如雨后春笋般的增长；也没有足够的停车场来供应，经常会看到大街上横七竖八地停着大小不一的车辆，致使道路变得非常狭窄，有时连走路的地方都不知道该去哪里找，这就给交通安全带来了很大的隐患。还有一些公交站牌的位置设置不恰当，公交车车次分配不均等，都会给人们带来不便。最重要的是，由于交通设施的不完善或者其他方面的原因，可能会导致发生交通事故，更是给人们带来了痛苦。

我国的城市几乎都是机动化了，必须建立一套合理的战略，来有效地防止交通阻塞和环境污染等。现在许多城市都开通了城际公交，方便了人们的出行，同时还应该适度发展小汽车交通，合理引导自行车交通发展。

到目前为止，自行车仍然是青少年主要的出行工具，特别是学校的上学和放学，一些学生爱在路上飙车，齐头并进，这样是很容易发生交通事故的。

还应该加强对摩托车的管制，它是城市公路的一个无形杀手。另外，城市所有的货运交通都用汽车，禁止其他车辆货运。货运汽车应该向大小型化以及集装箱化方向发展，也应该避开交通高峰时间出行，开展夜间运输。应该在一些小区或街道建立中小型停车场，以满足人们停车的需要，减少交通事故。

我国的交通运输领域主要有公路、铁路、水路、航空和管道等。但对于这些领域的基本发展与设施，人们还没有一定的认识，尤其是青少年。为了加强大家对中国交通的全面认知，本书主要从这五个领域着手，分别阐述每个领域的基本状况和发展。同时，也希望大家，特别是青少年，能从中领悟到生命的可贵，形成良好的交通意识和养成自觉遵守交通规则的好习惯。

目 录
CONTENTS

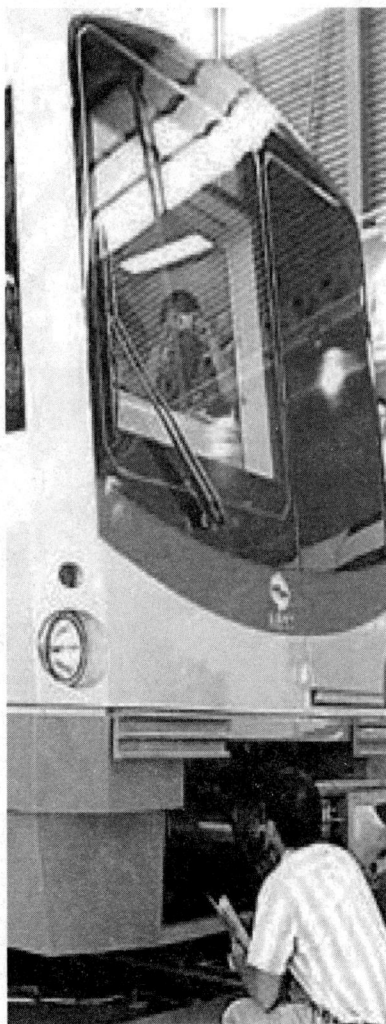

第❶章
公路交通知识

第❷章
铁路交通知识

第❸章
水路交通知识

第❹章

航空交通知识

第❺章

管道交通知识

第❻章

综合交通运输

第**7**章

我国交通运输业的发展史和前景

公路交通知识

GONGLUJIAOTONGZHISHI

第一章

　　交通运输行业的基础就是公路，也是人民最普遍使用的交通运输方式。

　　公路是用于连接城市、乡村和工矿基地的、主要供汽车行驶并具备一定技术标准和设施的道路称公路。

公路交通概述

Gong Lu Jiao Tong Gai Shu

从广义的概念来讲，公路运输主要是指利用一定的载运工具（人力车、畜力车、拖拉机、汽车等）沿公路（一般土路、有路面铺装的道路、高速公路）实现旅客或货物空间位移的过程。

从狭义的概念来讲，由于汽车已成为现代公路运输的主要载运工具，所以，现代的公路运输指的就是汽车运输。

◎分类

按技术等级进行分类，公路可以分为：

高速公路：就是高等级的公路。

一级公路：一般能适应各种汽车（包括摩托车）折合成小客车的年平

※ 公路

均昼夜交通量为 10000 辆～25000 辆，为连接重要政治、经济中心，通往重点工矿区、港口、机场，专供汽车分道行驶并控制部分汽车出入的公路。

二级公路：主要指的是行驶速度在每小时 60～80 千米，双向行驶而且没有中央分隔带的双车道公路。二级公路与一级公路的最大区别就是，一级公路有中央分隔带，分道行驶；二级公路基本没有中央分隔带。

※ 四级公路

三级公路：主要是为了沟通县及县以上城市而设计的公路。

四级公路：一般只有一条车道，需要在适当的距离内设置错车道。四级公路一般指的是能适应各种车辆折合成载重汽车的年平均昼夜交通量在 200 辆以下，沟通县、乡（镇）村等的支线公路。

根据公路在路网中的地位可以将其分为：国道、省道、县道、乡道和专用公路。

◎公路运输的特点

优点：汽车的运输速度比较快，机动灵活，适应性强，货物的损耗比较小，可实现门到门的运输；投资少，修建公路所用的材料和技术是比较容易解决的，同时资金周转的也比较快。对车辆的驾驶技术也是较易掌握的。

缺点：汽车的运输能力比较小，而且在运输过程中的能耗也比较高，运输成本较高；相对来说，它的劳动生产率比较低，运行持续性较差；安全性较低，而且对环境污染也比较大。

公路交通工具

Gong Lu Jiao Tong Gong Ju

虽然公路上最主要的交通工具是汽车，但公交车、电动车、自行车等也是人们出行所经常使用的交通工具。

◎汽车（轿车）

私家车一般都是小型轿车，出行非常方便，而且想去哪儿随时都可以，不用早早的出门去等车，这样可以节省很多的时间，提高了办事效率，又可以做很多事情。但是，在开车时要集中精神，尽量不要接电话，遵守交通规则，不可超速行驶，更不要闯红灯，要时刻注意安全。排放的尾气对环境也造成了一定的污染。但最重要的还是带给了人们交通上的便利。

※ 轿车

◎公交车

公交车是公共汽车，主要是指在城市道路上有固定的行车路线，有固定的班次时刻，承载旅客出行的机动车辆。外形大都是长方形，有窗有座位。

公交车的专用道是属于专用路权的一种。在我国的大陆，是否要设置公共汽车专用道往往和当地的交通状况有着密切的关系。在普通道路中区隔出专用线道，仅供公共汽车行驶，并且在专用通道上每间隔一段适当的距离或是干道交叉口，就会设置一个站牌，以方便乘客的上下车。在一些城市内也有另加设栅栏隔绝公共汽车与其他车辆的，例如，台湾台北市，这样是为了防止意外事故的发生的。在香港，设立巴士专线的主要目的是让公共汽车在交通高峰的时间仍然有可以走的路面，以保障使用公共交通工具的乘客。所以，在一些交通流量比较大的城市的公路上划分出了公共

汽车专用道。

同时，公交车也有很大的好处，不仅可以节能减排，不给城市添堵，还可以在车上看电视、看招聘广告，玩游戏、听歌，也可以看报纸、看新闻，还可以看路边的风景，最主要的一点就是坐公交车很便宜。但是坐公交车如果遇上上下班的高峰期时，人相当的多，等公车的时间也很长，特别是那些班次比较少的车辆，而乘这些车辆的人又比较多的时候，给乘客带来烦恼。

需要提醒大家的是，无论坐什么样的车出行，都要注意安全，小心驾驶，遵守规则。

◎电动车

电动车就是以电力为驱动、以电力为能源的车子。

按类型分，电动车可分为电动自行车、电动摩托车、电动汽车、电动三轮车、燃油助力两用电动车。

按电力提供的方式可以分成两大类，一类是连接外部电力线来获得电力，另外一类就是用电池作为电力。

※ 公交车

※ 公交车通道

※ 电动车

按使用功能可将其分为高尔夫球车、电动观光车、电动货运车、电动巡逻车、电动清洁车等。

◎电动自行车

电动自行车是指在普通自行车的基础上，用蓄电池作为辅助能源，安装了电机、控制器、蓄电池、转把闸等操纵部件和显示仪表系统的机电一体化的个人交通工具。

下面是一些选购常识：

品牌：在对品牌进行选择时，要注意选择知名度较高的品牌，质量及售后服务都有保障。

※ 电动自行车

车型：对于不同的车型，它们的安全性及使用性能差别也就比较大。建议大家在选购时要选那些简易、轻便型的。

外观：选车时，外观也是很重要的，需要注意的是表面的光洁和光泽度，注意焊接、油漆、电镀质量。

感觉：应该说感觉是最重要的了。在进行试骑时，注意感觉一下车辆的启动、加速、行驶是否平稳，车辆的操纵是否舒适，检查刹车松紧度、车把的灵活性、车轮的活动性。

手续：我们在除了检查生产许可证、使用说明书、合格证是否有效、齐全之外，还要核对随车配附件是否齐全。特别注意是否为当地核准上牌的车型。

配置：特别是一些相关的重要部件，如电池、电机、充电器、控制器、轮胎、转刹把等是否为品牌产品。电机最好选无刷的。

◎电动汽车

电动汽车就是以车载电源为动力，用电机驱动车轮行驶，符合道路交通、安全法规等各项要求的车辆。

主要结构

电动汽车主要组成部分：电力驱动及控制系统、驱动力传动等机械系统、完成既定任务的工作装置等。电动汽车的核心就是电力驱动及控制系统，这也是和内燃机汽车之间的最大区别。电力驱动及控制系统由驱动电动机、电源和电动机的调速控制装置等组成。而电动汽车的其他装置与内燃机汽车基本上都是相同的。

※ 电动汽车

驱动电动机

到目前为止，电动汽车上广泛采用的都是直流串激电动机，这种电机具有"软"的机械特性，与汽车的行驶特性非常相符。但由于直流电动机存在换向火花、比功率较小、效率较低，维护保养工作量大的缺点，随着电机技术和电机控制技术的不断发展，很有可能逐渐被直流无刷电动机（BLDCM）、开关磁阻电动机（SRM）和交流异步电动机所取代。驱动电动机的主要作用是将电源的电能转化为机械能，通过传动装置或直接驱动车轮和工作装置。

◎高尔夫球车

这是专门为高尔夫球场开发的场地所有车。该车的特点是操纵灵活、地盘比较低，上下车是很方便的，转弯半径小；它所采用的是真空宽胎，复合式前悬架系统，减震性能比较优良，行驶平稳，驾乘舒适；后悬架采用钢板弹簧、高承载板簧设计，整车载重性能优越，在行驶的过程中，受到的颠簸比较小，也比较平稳，而且坐上去也很舒适。

电动高尔夫球车的车型可以分为 2 座、4 座、6 座、8 座等类型，通常情况下都是采用电池驱动，速度在 18 千米/小时～24 千米/小时。在进行爬坡时，电动高尔夫球车的能力也比较强，一般≥25 度。在高尔夫球场上，它的这个特性非常方便，可以自由的行驶，一次充电完成可以行驶 80 千米左右，最

※ 电动高尔夫车

远的可以行驶 100 千米以上。电动高尔夫球车的加速器是无极变速系统，也没有档位之分，速度主要是根据电流的大小来调整。

电动高尔夫车的控制系统采用的是美国进口主控系统，主要有欠压保护、防飞车功能。根据人体工程学设计，整体框架设计采用的是三维仿真，使驾驶、乘坐起来舒适且不易疲劳。

高尔夫球车的保养方法

在检查电路时，打开电源开关，检查电路是否畅通，插接件是否插接牢固可靠，保险管是否正常工作，特别是电池输出端子与电缆的连接是否牢固可靠。发现故障时应及时排除。

在出现前后轮转动灵活性不好时，将增加转动摩擦力，增加电量消耗，从而减少所行的路程。因此，一旦出现故障应及时维修、润滑和保养，润滑一般使用黄油、钙基或锂基润滑脂。

在车把转动不灵活，有卡滞、僵点或紧点时，应及时润滑或调整。润滑时也采用黄油、钙基或锂基润滑脂；调整时，先松开前叉锁母，旋转前叉上挡，当车把转动灵活性达到要求后，锁紧前叉锁母即可。

如果电动车的转向轮出现前束，可以使用改变转向横拉杆的长度实现。横拉杆伸长，前束值增大；横拉杆缩短，前束值减小。旋松转向横拉杆两端接头的锁紧螺栓，转动横拉杆，使其伸长或缩短。在对其调整合适后，再把横拉杆两端接头的锁紧螺栓拧紧。

◎电动巡逻车

电动巡逻车可以分为两种类型：普通警用车和封闭警用车，再进一步又可以分为普通型和豪华型等种类。这种车主要是一种为警用、执法等人员专门设计开发的一款车型，该电动车在公安巡逻、步行街、高尔夫球场、旅游景点、房地产（园林小区）、各大型企业、机关单位、公园、娱乐场所、体育场馆、大专院校、

※ 电动巡逻车

医院、疗养院、车站、机场、码头等领域是一种特别适用的交通工具。

电动巡逻车的特性

电动巡逻车有很多的优点，噪音小、机动灵巧、提速快、可以行驶的里程远，同时可以环保节能（每百千米费用比汽油车巡逻要便宜 2/3 以上），大幅度节约燃油成本。另外，它的承载能力也比较强，视野更开阔、更便于巡视，还能有助于提高街面见警率，扩大了街面的巡查密度，成为警方机动巡逻、城管执法的好帮手。目前，在社区、大型企业、机关单位、公园、大专院校、车站、机场、码头等单位的治安巡逻差不多都是采用这种类型的车辆进行。直流电动巡警车的最高时速为 35 千米/小时，一次充电最大续驶里程为 80～100 千米。而变频电动巡逻车最高车速则可达到 45 千米/小时，最大续驶里程 100～120 千米。在国内，目前只有一家公司完全拥有该项专利技术，是专门研发生产电动汽车的深圳陆地方舟电动车有限公司，而且它的性能和核心技术都处于全球领先地位，最快车速达 60 千米/小时，最大续驶里程 200 千米。

它主要采用优越的汽车底盘技术、独立悬挂系统、大景观高强度钢化玻璃，更注重实用性，集警灯、喊话器等警务系统及工具箱于一体，机动、灵巧地为街头执行巡逻任务提供便利。

电动巡逻警车不仅是警方机动巡逻的首选车辆，而且也是城管等执法部门的好帮手。

◎电动观光车

电动观光车是专为旅游景区、公园、大型游乐园、封闭社区、花园酒店、度假村等区域开发的一种自驾游、代步专用的环保型电动乘用车辆。它是属于区域专用电动车的一种。

观光驱动方式

电动观光车主要采用的是蓄电池供电驱动方式，它本身不排放有害气体，只要用蓄电池充电就可以使用。由于大多数的电厂都是建于远离人口密集的郊区，对人类的伤害也比较少，而且电厂是固定不动的，且都是集中的

※ 电动观光车

排放，这样对清除各种有害排放物就是一件很容易的事情了。观光车蓄电池电力能源可以通过多方面来获取，如煤、核能、水力等。电动观光车可以充分利用晚间用电低谷时富余的电力充电，使发电设备日夜都能充分利用，大大提高其经济效益，有节约能源和减少二氧化碳的排量等优点。

电动观光车主要是由电器系统、底盘、车身三大部分组成。

电器系统：按功能分为两个系统。

控制及辅助系：包括离电控、加速器、开关、线束、充电器等。

动力系：包括离电池、电机等。

底盘：按功能分为四个系统：

① 传动系——离合器、变速箱、万向传动轴装置、驱动桥中的主减速器、差速器和半轴等。

② 行驶系——起纽带和承载的作用。主要包括车架、车桥、车轮和悬架等等。

③ 转向系——包括方向盘、转向机和传动杆件等。

④ 制动系——用于控制车速和停车。包括制动器和制动控制装置。

车身一用于乘坐驾驶员、乘客。

这些电动观光车系列使用的美国原装蓄电池，具有容量大、重量轻、寿命长、充电快速、安全性高、效率大等特点，其车外观设计优美，空间实用性大，操作方便，为国内旅游景点普遍使用。整车采用德国技术，进口配置，节能环保。

电动车有很多的好处。电动车优质优价、节能环保、体积小，出行很方便；可以缓解城市交通压力；对环境也没有造成很大的污染，有便捷，环保（电池可回收），安全可靠、费用低廉、舒适灵活等许多优点。只要花一块钱的电费就可以跑 40 千米，让骑车人如虎添翼，轻松自如，既可让人们在轻松之中保持一份潇洒，也可在快捷中享受到快乐，是城乡人们出行、健身、上下班、上学所用经济型的交通工具。这样的交通工具在市场前景中的发展潜力不可估量。

电动车在给人们带来这么多好处的同时，也给人们造成了一定的困扰。由于它的速度非常快，电摩也没有声音，刹车性能又比较差，安全系数低；有时骑车人也会乱闯红灯，不遵守交通规则，这样也很危险。

◎自行车

绿色环保的交通工具——自行车，主要是以脚踏板为动力，又名脚踏车。通常是二轮的小型陆地车辆。

普通自行车

普通自行车，在骑的时候，姿势呈弯腿站立式。它的主要优点就是舒适度较高，如果骑得时间比较长，也不会感到疲劳。但这种弯腿姿势不容易加速，且普通自行车的零件大多采用的是非常普通的零件，要想达到一个高的速度比较困难。

※ 自行车

死飞自行车

死飞自行车是由场地自行车发展而来的。它的飞轮是固定的，如果向前踩车子则就会使其向前，反之，向后踩则车子就会向后走。还有一些另类的自行车爱好者会利用废弃的场地车作为交通工具，可以在城市快速地穿行，而且价格也非常低廉，但这需要一定的骑行技术的。一般情况下，小偷是没有办法偷走的。就因为它的这些特点，使得它在英美等国家中很快流行，被一些自行车爱好者广泛使用，并逐

※ 死飞自行车

渐发展成为一种街头文化。单纯的死飞车是有一定危险性的，而且也需要一定的技术，所以这些厂商在设计其产品时，都是死飞和活飞两用的，并装有刹车，以保证安全。随后，一些比较大的自行车品牌也进行跟进和改进，开发及推广死飞车的车种，受到了大众的普遍欢迎，成为现代都市最流行的自行车款式。

场地自行车

场地自行车主要是在室内极其平滑的椭圆形赛道上使用的自行车，这种自行车没有设计车闸（煞车），没有可逆转的飞轮，也没有变速器。

速降自行车

速降自行车又名落山自行车。在英文里简称 DH。骑手利用特制的 DH 自行车在山坡上滑翔，有些是为了寻找刺激，甚至选择坠山来玩。活动多在山脊、矿洞、雪地等地带开展，这是一种极具挑战性的活动。奥地利人就曾利用 DH 创造出 210.4 千米/小时的世界纪录。速降自行车的车架角度与山地自行车是有所区别的，零件与山地自行车一样都为英制单位。一定要戴上头盔、护甲等装备，再开展此项活动。前叉减震的行程比山地自行车及 XC 自行车要长。这种自行车的轮胎比较大，其宽度一般都超过 5.08 厘米。

※ 场地自行车

※ 速降自行车

旅行自行车

旅行自行车比较适合超远程的自给自足的旅游，它是由公路自行车发展而来的，它所使用的车胎比较宽，也有一个最低的档位，在选择配件方面都是一些可靠耐用而不太侧重减轻重量，通常采用的是山地脚踏板，且能够负重，是山地车演变而来的。它的大部分配置都是和山地车相同，但旅行自行车的配置要灵活些。例如，车把可以换成蝴蝶形状的，也可以用很多姿势来把握以减小长时间中的疲劳。前叉也可以装减震或不减震的。

※ 旅行自行车

车轮可以是 26 寸。但刹车一般都为 v 刹。这样就可以很方便的加装货架、驮包等东西。不管怎样改动，最主要的都是为了增加其耐用性，把在长途中的疲劳感降到最低。

公路交通管理

Gong Lu Jiao Tong Guan Li

公路交通管理就是对公路上的车流按有关规定和要求，合理地引导、限制和组织交通流，运用现代的各种技术进行安全管理和对事故的处理，以保障交通快速、安全、舒适、畅通。

◎特点

（1）高速公路主要采用的是现代化的通讯、监控设施和实施系统管理；

（2）高速公路交通管理的任务比较复杂，手段先进，要求的速度也是比较快的。

◎交通管理的任务

（1）对公路行车安全进行教育、宣传；

（2）疏散交通，引导车辆正常通行，防止交通事故的发生；

（3）交通检查；

（4）负责交通执法，纠正交通违规违章行为；

（5）参与交通的管理与控制。

◎公路交通事故管理

交通事故主要指的是车辆在道路上因过错或者意外造成人身伤亡或者财产损失的事件。

相对来说，高速公路发生的事故就比较重大、恶劣，意外事故比较多，而新驾驶员所占的比例是最大的。对于这些事故造成的原因，一般可以总结为驾驶员的因素、汽车的因素和道路与环境的因素。

在处理这些事故的时候，要进行事故鉴定与排除，对事故进行勘察，并分析其原因。

◎高速公路服务区的管理

高速公路服务区是为高速公路服务的一个站。主要包括住宿、餐饮、加油、汽车修理等。

服务区的管理模式一般有公司化管理模式、承包经营管理模式、租赁管理模式等。

服务区的内部管理机制是人员组织机构、财务管理和服务区的内部管理。

※ 高速公路服务区

对服务区的管理，要从以下几方面抓起：

（1）对高速公路的明确定位

从自身的实际情况出发，高速公路公司可以从社会、文化和经济三个方面来对企业进行一个准确的定位。在社会方面，高速公路公司不单要考虑切身的经济利益，也要考虑到自身对社会所产生的影响，相对于其他的行业来说，高速公路公司应该具有更强的社会责任感，应对社会承担起更多的责任，积极为促进交通基础设施的建设和公路行车安全贡献力量；在义化方面，高速公路公司要意识到，一个企业的文化是非常重要的，它不仅能体现物质文明和精神文明发展并存的格局，而且也要适合企业的发展需要，并为企业的发展提供强大的精神动力；在经济方面，要从实际情况出发，高速公路公司要根据自身实力的强弱来决定近期内的经营业务，而且也要考虑长远所发展的经营业务，而且各个经营活动也要产生一定的经济效益，从而保证总体经济效益。

（2）建立高速公路服务区准入制度

为了加强高速公路服务区精神文明建设，为我国的高速公路树立一个良好的形象，必须对各个高速公路服务区的各个经营单位进行资格审查，实行准入制度。所谓准入制度就是指省级高速公路的管理部门要对各经营单位的人员素质、经营业绩、资信条件、服务质量、管理能力等方面进行统一规范的资格审查。另外，一些允许进入服务区的经营单位，应服从服务区的统一管理，遵守服务区公约，履行合同条款。此外，在对高速公路服务区进行资格认定过程中，对于符合条件的，都要对其进行资格认定登记，在经过认定登记后的高速公路服务区，才能继续进行经营活动。

14

（3）安全管理要加强，防止事故的发生

安全工作无论对哪个部门都是非常重要的，而高速公路服务区的安全工作尤为重要。要做好高速公路服务区的安全管理工作，主要包括以下几个方面：一是对食品的安全要把严关，也就是对原材料采购把好关。为此，要设立专人负责采购、管理、仓储，严格遵守卫生监督各项规定；二是对加油站的安全把关，要对其相关人员加强教育，加强培训，并要对各项预案都非常熟悉，也要对各种器材能很熟练地运用；三是对电器安全进行把关，严格按照相关手册执行，建立电器档案，建立安全管理责任卡；四是对广场上的秩序安全把关，要加强硬件设施的设置，并及时引导拥挤的车辆。此外，每名工作人员都要签订安全责任书，贯彻学习安全教育，提高管理人员和工作人员的防范意识，并对高速公路服务区的一些突发事件建立应急救援机制，这样就为高速公路服务区的各项工作的顺利进行提供了有力的制度保障。

（4）完善管理制度，强化激励机制

高速公路作为现代最重要的交通基础设施之一，它不仅在改善着人们生活方式、节奏，还对人们的生活产生了重要的影响。为了使高速公路的功能顺利发挥，首先，我们要做到用制度来规范管理，要制定一系列制度，比如值班制度、安全管理制度、卫生制度等相应制度。另外，队伍建设也要步入制度化轨道。其次，还要建立考评机制，通过考核来评定员工工作表现，来激发它们的工作热情，从而可以提高工作效率。此外，还可以实行量化考核，作为员工发放效益工资、评选先进的重要依据。

（5）创建绿色的高速公路服务区

在创建绿色的高速公路服务区时，首先要做的就是节约用水。高速公路服务区还要与当地的相关单位建立良好的合作关系，定期邀请卫生监督部门专业人员检查测量水质，在高速公路服务区也要开展一些节约用水的活动，制定用水计划。其次，应做到环境保护"四化"：①垃圾规范化管理。实行垃圾分类管理，全面实行垃圾袋装化，按可回收、一般回收和危险品等分类收集，集中存放，生活垃圾由专门车辆定时运送；②污水排放标准化。按照当地有关环保部门的规定，严格执行污水排放规程，确保污水的处理符合规定要求；③洗涤用品坚持无磷化，保证餐具的安全卫生；④要做到绿色消费。可保证高速公路服务区餐厅内的环境通风良好，没有什么异味。通过对高速公路服务区的绿色创建，为顾客提供一个良好的购物、就餐环境，从而带来较高的社会效益。

◎公路运输组织与运营管理

公路运输生产过程的构成

公路运输生产过程主要是指客货运输对象，通过汽车运输实现其空间场所移动的运输过程。通常要经过很多的环节才可以完成。一般情况下，可以分为运输准备、运输生产和生产辅助等三项主要工作环节。这三项工作环节构成了汽车运输生产过程，且也是其主要的工作环节。其中最基本的运输工作环节就是运输生产，它是运输生产经营中可以获得一定营运收入的有效运输工作环节，其他的工作环节需要都是围绕运输生产工作环节的各类需要，应及时、有效、科学地组织，从而保证运输生产过程的正常进行。

运输准备工作

运输准备工作主要包括营运作业点设置、客货运输对象组织、营运线路的开辟、运力配置、运输生产作业计划安排以及相关的运输组织管理制度、规章的制定等。它主要指的是运输客货之前所需要进行的全部准备工作。

运输生产工作

运输生产工作指的是直接实现客货空间场所位移的车辆运输工作，主要包括乘客上下及货物装卸作业、运送货物或旅客工作以及必要的车辆调空作业等。

运输生产辅助工作

运输生产辅助工作，主要是为运输生产和其准备工作提供有力的后勤保障服务的各项工作的总称。主要包括车辆选择、运输劳动组织工作、技术运用组织工作、运输生产所消耗的材料的组织供应、保管工作等。

公路交通安全

Gong Lu Jiao Tong An Quan

交通安全主要指的是在交通活动过程中，将人身伤亡或财产损失控制在人们可接受的水平的状态。交通安全意味着人或物所遭受到的损失的可能性是可以接受的；如果这种可能性超过了可接受的水平，就会变得不安全。

由于道路交通的系统都是动态的开放系统，所以系统内部的因素和系统外部的环境都可能影响到它的安全，并且与人、车辆及道路环境等因素也有密切的关系。系统内如果有任何不可靠、不平衡、不稳定的因素，都可能导致冲突与矛盾，从而产生不安全因素或不安全状态。

◎交通安全的特点

（1）交通安全是在一定危险条件下的状态，也就是说并没有绝对不发生的交通事故。

（2）交通安全不是瞬间的结果，而是对交通系统在某一时期、某一阶段过程或状态的描述。

（3）交通安全并不是绝对的，而是相对的，也不存在绝对的交通安全。

（4）由于所处的时期和区域的不同，损失水平的可接受程度也是不一样的，所以交通系统是否安全，其衡量的标准也是不同的。

◎交通安全组成的要素

交通安全是一门"5E"科学。所谓"5E"是指：教育、法规、工程、环境及能源。

（1）教育

"教育"主要包括现两种：学校教育与社会教育。在这里主要指的是安全教育。前者针对的是在校的学生，主要对他们进行交通法规、交通安全和交通知识的教育；而后者则是通过报刊、广播、电视及广告等形式，积极广泛地宣传交通安全的意义和交通法规，同时对驾驶员的专业技术知

识、职业道德及交通安全等方面进行定期教育。

（2）法规

所谓的"法规"，在我国主要是指维护交通秩序，保障交通安全的交通规则、交通违章罚则及其他有关交通安全的法律等。交通法规是交通安全最核心的部分，起着保障的作用。交通法规必须具备科学性、严肃性和适应性。

（3）工程

"工程"包括三个方面的内容：一是研究和处理为使车辆安全运行而需要维持车辆与固定物之间的缓冲空间；二是研究和处理车辆在街道和公路上的运动，并对其运动规律进行研究；三是研究和处理为使车辆达到目的地所采用的方法、手段和设施，如道路设计、交通管理和信号控制等。

（4）环境

"环境"指的是环境保护。在一些发达的国家，80％以上的噪音污染及废气污染都是由汽车造成的。所以，只有道路交通的安全有了保障，道路交通的环境保护才会有所保障。

◎安全交通设施

为了保障行车安全、减轻潜在事故的发生程度，设立良好的安全设施系统是必要的。道路交通安全设施包括：公路护栏、隔离栅、防眩设施、交通标志、路面标线、道路照明等。

※ 公路护栏

公路护栏

公路上的安全护栏是既要阻止车辆超出路外，也要防止车辆穿越中央分隔带闯入对向车道；同时还要能诱导驾驶员的视线。

隔离栅

隔离栅是公路、高速公路的基础设施之一。由于高速公路上的汽车行驶的速度非常快，为了阻止人畜进入高速公路，必须进行全方面的封闭，隔离栅就起到了这个作用，它可有效地排除横向干扰，避免由此产生的交通延误或交通事故，保障高速公路效益的发挥。隔离栅按其使用材料的不同，可分为金属网、钢板网、刺铁丝和常青绿篱等几大类。

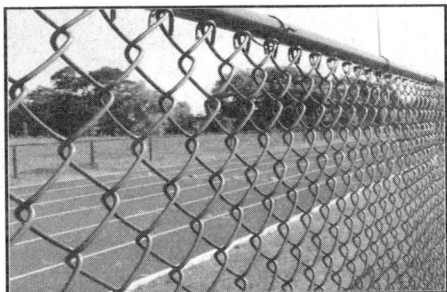

※ 隔离栅

防眩设施

防眩设施既要有效地遮挡对向车辆前照灯的眩光，也应满足横向通视好、能看到斜前方。如果采用完全遮光，就会把司机的视野缩小，从而影响巡逻管理车辆对对向车道的通视，且对驾驶行车也造成了一定的压迫感。

防眩设施的用途是遮挡对向车前照灯的眩光，分防眩网和防眩板两种。防眩网通过网股的宽度和厚度阻挡光线穿过，减少光束强度而达到防止对向车前照灯炫目；防眩板是通过它的宽度部分阻挡对向车前照灯的光束。

※ 防眩设施

◎交通标志

公路交通标志适用于公路、城市道路以及一切专用公路，具有法律的性质，任何车辆和行人都必须遵守。它是用图形符号和文字传递的一种特定信息，用以管理交通、指示行车方向以保证道路畅通与行车安全的设施。分为主标志和辅助标志。

道路交通标志有警告标志、禁令标志、指示标志、指路标志、旅游区

禁止非机动车通行标志	限制高度标志	禁止畜力车通行标志	禁止人力货运三轮车通行标志
表示该路段禁止各类非机动车通行。	表示禁止装载高度超过标志所示数值的车辆通行。	表示该路段禁止畜力车通行。	表示该路段禁止人力货运三轮车通行。

限制质量标志	限制轴重标志	禁止人力客运三轮车通行标志	限制速度标志
表示禁止总质量超过标志所示数值的车辆通行。	表示禁止轴重超过标志所示数值的车辆通行。	表示该路段禁止人力客运三轮车通行。	表示该标志前方至前方解除限制速度标志的路段，机动车行驶速度不准超过标志所示数值。

禁止人力车通行标志	解除限制速度标志	禁止骑自行车下坡标志	停车检查标志
表示该路段禁止人力车通行。	表示限制速度路段结束。	表示前方下坡路有危险，禁止骑自行车下坡。	表示机动车必须停车接受检查。

※ 交通标志

标志、道路施工安全标志、辅助标志。

（1）警告标志：警告车辆和行人注意危险地点的标志。

（2）禁令标志：禁止或限制车辆、行人交通行为的标志。

（3）指示标志：指示车辆、行人行进的标志。

（4）指路标志：是一种服务性标志，用它可以明确表示出各道路的主要去向，为道路的使用者提供所要到达目的地的方向、距离以及行驶路线。

（5）旅游区标志：主要是为旅游景点提供方向、距离的标志。

（6）道路施工安全标志：通告道路施工区通行的标志。

（7）辅助标志：是在主标志下所设立的起辅助说明使用的标志。分为表示时间、车辆种类、区域或距离、警告、禁令理由等类型。

设置交通标志的目的是给道路通行人员提供确切的信息，保证交通安全畅通无阻。高速公路上车速比较快，车道数多，标志尺寸比一般道路上的要大得多。

◎路面标线

高置路面标线是为了保障行车和行人的安全，引导和管制交通，所以

当驾驶车辆遇到此标线时，应引起重视和注意，并自觉地遵守。

路面标线是直接在路面上用漆类喷刷或用混凝土预制块等铺列成线条、符号，与道路标志配合的交通管制设施。分为指示标线、禁止标线、警告标线。

（1）指示标线：指示车行道、行车方向、路面边缘、人行道等设施的标线。

※ 路面标线

（2）禁止标线：告示道路交通的遵行、禁止、限制等特殊规定，车辆驾驶人员及行人需要严格遵守的标线。

（3）警告标线：促使车辆驾驶人员及行人了解道路上的特殊情况，提高警觉，准备防范、应变措施的标线。

路面标线种类还有很多，有行车道中线、停车线竖面标线、路缘石标线等。标线有连续线、间断线、箭头指示线等，多使用白色或黄色漆。

◎道路照明

道路照明大致可以分为连续照明、局部照明及隧道照明。道路上所设置的照明器可以为在夜间行驶的车辆和行人提供必要的能见度。照明条件对道路的交通安全有着很大的影响。

在城市的机动车交通道路上设置照明的目的是在晚上为机动车驾驶人员创造良好的视觉环境，以求达到保障交通安全、提高交通运输效率、降低

※ 道路照明

犯罪活动和美化城市夜晚环境的效果。在人行道路以及主要供行人和非机动车使用的居住区道路上设置照明的目的，是为行人提供舒适和安全的视觉环境，保证行人能够看清楚道路的形式、路面的状况、有无障碍物；看

清楚同时使用该道路的车辆及其行驶情况和意向，以便能了解车辆的行驶速度和方向、判断出与车辆之间的距离；此区域的道路照明还能对居住区的特征和标志性景观以及住宅建筑的楼牌、楼号进行适当的辅助性照明，有助于行人的方向定位和寻找目标需要。

视线诱导标一般沿车道两侧设置，具有明示道路线形、诱导驾驶员视线等用途。对有必要在夜间进行视线诱导的路段，设置反光式视线诱导标。

▶知识窗

·公路用地范围的规定·

从公路边沟外缘起，没有边沟的，从公路坡脚线外缘起，国道不少于 20 米，省道不少于 15 米，县道不少于 10 米，乡道不少于 5 米的区域内公路建筑控制区范围。在上述范围内，除公路防护、养护需要和必要的农田设施建设外，禁止修建建筑物和构筑物；需要埋设管线，电缆等设施的，应当事先经交通主管部门批准。大中型公路桥梁和渡口周围 200 米，高路堤等特殊路段两侧 200 米，公路隧道上方和洞口外 100 米，公路两侧 100 米范围内，禁止挖砂、采石、采矿、倾倒废弃物，进行爆破作业及其他危及公路、公路桥梁、公路隧道、公路渡口安全的活动。在上述桥梁、渡口、高路堤、隧道、洞口的范围内和公路两侧 20 米范围内禁止取土。

| 拓展思考 |

1. 什么是交通流？它有哪些基本特征？
2. 什么是交通量、车辆速度、交通密度？它们之间有什么联系？
3. 沥青路面层分哪几种类型？它们的特点和适用范围各是什么？
4. 大件货物的运输要求有哪些？

青少年应该知道的交通百科知识

铁

路 交 通 知 识

TIELUJIAOTONGZHISHI

第二章

　　铁路的发展，为人们的出行带来了很大的方便。我国的高铁在短短的几年时间里，秉着自主创新的精神和原则，实现了跨越式的发展，开辟出了一条具有中国特色的铁路——自主创新之路，已经由"追赶者"一跃成为世界铁路的"领跑者"。

铁路交通概述

Tie Lu Jiao Tong Gai Shu Tie Lu Jiao Tong Gai Shu

铁路主要是供火车等交通工具行驶的轨道。铁路可以分为下面的三个等级：

Ⅰ级铁路：Ⅰ级铁路就是在铁路路网中主要起着骨干作用的铁路，它的远期年客货运量≥20百万吨。

Ⅱ级铁路：Ⅱ级铁路包括以下两方面：

1. 在铁路路网中也起着骨干作用，但它的远期年客货运量＜20百万吨。

2. 在路网中起联络、辅助作用的铁路，其远期年客货运量≥10百万吨。

Ⅲ级铁路：Ⅲ级铁路就是为某一区域服务，具有地区运输性质的铁路，它的远期年客货运量＜10百万吨。

一般可以把铁路分为国家铁路、地方铁路、合资铁路、专用铁路、铁路专用线、区域铁路和重载铁路。

高速铁路，简称高铁，又可分为轮轨高铁和磁悬浮高铁。在世界高铁里，里程最长的国家就是中国。

◎铁路运输的特点

在五种运输方式中，铁路运输占据着主导的地位，在社会经济发展中发挥着非常重要的作用。

其主要优点就是：运输的成本低、运行速度快、运输能力强、单车装载量大、对环境的污染比较低、车速较高等。

缺点：铁路的路线是专用的，原始投资比较大，设备也是比较庞大的，这样很不容易维修，固定成本非常高，建设的周期长，货物的损坏率也比较高，也不能实现"门到门"的运输等。

铁路交通工具

Tie Lu Jiao Tong Gong Ju

最主要的交通工具是火车、地铁和高铁。

◎火车

磁悬浮列车

磁悬浮列车主要包括三大部分：悬浮系统、推进系统和导向系统。它是利用超导电磁铁相斥的原理来建设的一种铁路运输系统。它的最高时速可达 350～500 千米。

工作原理

磁悬浮列车之所以会运行，主要是利用了"同性相斥，异性相吸"的原理，使磁铁具有抗拒地心引力的能力，从而让车体完

※ 磁悬浮列车

全脱离轨道，在距离轨道约 1 厘米处悬浮，腾空行驶，创造了近乎"零高度"空间飞行的奇迹。

磁悬浮列车是怎么运行的

磁悬浮列车是一种高科技的交通工具，主要是利用了磁极的吸引力和排斥力。通俗地来讲就是排斥力使列车悬起来，吸引力让列车开动。在磁悬浮列车的车厢上装有超导磁铁，铁路底部安装线圈。在接通电源后，地面线圈产生的磁场极性与车厢的电磁体极性总是一致的，两者"同性相斥"，排斥力使列车悬浮起来，普通机车的动力都是来自于机车头，而磁悬浮列车的动力则是来自于轨道。在轨道的两侧装有线圈，交流电使线圈变为电磁体，它与列车上的磁铁相互作用。列车行驶时，车头的磁铁（N

极）被轨道上靠前一点的电磁体（S极）所吸引，同时被轨道上稍后一点的电磁体（N极）所排斥——结果是前面"拉"，后面"推"，这样列车就向前进了。

优点与缺点

速度快是磁悬浮列车最大的优点，它可以通过调节磁体的电流强度，很方便地改变列车的速度；磁悬浮列车能耗低；对于提高传统轮轨铁路的速度，它起到了一个重要的作用；可以节省建设的费用；列车在铁轨上方悬浮运行，铁轨不与车辆接触，而且运行平稳、舒适，容易实现自动控制；有利用环境保护，它没有噪音，没有有害的废气。在21世纪，磁悬浮列车是最理想的超级特快车。

虽然磁悬浮列车发展前景非常好，但也有很多不足的地方。由于磁悬浮系统主要是凭借电磁力来进行悬浮、导向和驱动功能的，所以在断电后，磁悬浮的安全得不到保障，特别是列车停电后的制动问题仍然是要解决的问题；强烈的磁场对人的健康、生态环境的平衡与电子产品的运行都会产生不良的影响；如果磁悬浮的轨道越长，则它的使用效率就会越低；由于常导磁悬浮技术的悬浮高度较低，所以它对线路的平整度、路基下沉量及道岔结构方面的要求都要比超导技术高的多，在目前来说这也是面临的一个重要问题。

动车

在我国，凡时速在高达200千米以上，并使用CRHT和谐号列车称为"动车组"。它一般是指承载运营载荷并自带动力的轨道车辆。

分类

按照动力排布：动力集中，动力分散。

按照用途可以分为客运和货运（比如日本M250，法国TGV行邮），特殊用途（轨道检测等）。

按照性能：高性能，低性能。从总体布置来看，动车的结构与普通客车的不同之处就是在车厢的两端设有驾驶台并配有驱动装置。

※ 动车

动车组 MU（Multiple Units）

动车组列车 multiple unit train

电力动车组 EMU（Electric Multiple Units）

内燃动车组 DMU（Diesel Multiple Units），可以把驱动装置布置在车架以下，是为了增加载客席位。动车或动车组最早是在铁路支线中出现，随着铁路的发展，逐渐发展到用于地下铁道和城市郊区旅客运输，以及城市间的快速客运。因为动车组可以采用全动轴或部分车动车轴为动轴，使装置分散，从而来减轻轴重，而普通铁路机车却不能，所以，现代高速客运的发展，趋向是采用全动轴或部分动轴的动车组。

◎功能特点

在运用方面，与列车相比，动车要显得非常灵活。虽然一次乘坐的旅客不是很多，但可以把车次安排得密些。在旅客高峰期时，功率大的一些动车可加挂一节或几节轻型无动力的附挂车，即轻型客车。随着动车的使用范围不断扩大，乘客的增多，动车组已逐步发展成为世界上普遍使用的载运旅客和行李包裹物品，且自身装有推进机的一种铁路运

※ 动车车厢内

输车辆。按驱动方式动车可分为以汽油机驱动的汽油动车、以柴油机驱动的柴油动车和以电力驱动的电力动车。动力传动方式可以是机械传动、液压传动或电力传动。动车组主要是由两辆以上动车或较大功率动车加挂一辆或数辆附挂车组成，可提高旅客及物品的装载能力和运输效率。铁路动车与铁路列车相比，最突出的特点是机动灵活，载客量小，但车次是可以增加的，所在在许多国家，铁路动车越来越被重视，并逐步发展为普遍使用的一种运输工具。

动车管理

对于动车组的识别标记，主要有路徽、配属局段简称、定员、车号、车型、最高运行速度制造厂名及日期。电器化区段运行的动车组，应有"电气化区段严禁攀登"的标志。

动车组日常运用的整备、清洁和排污作业在运用基地完成。

动车组实行定期检修，检修周期及技术标准按铁道部检修规程执行。

动车组应有专门检修、运用基地，根据需要设立检修库、临修库、供动车组停放的库线、应对相应设备对转向架、车下设备、车上及车顶设备进行检查、维修和清洗作业。

◎地铁

地铁是地下铁道的简称，又被称为地下铁。从广义上来说，由于有很多诸如此类的系统为了配合修筑的环境，可能也会有地面化的路段存在，因此通常涵盖了地区各种地下与地面上的高密度交通运输系统。从狭义上来讲，专指以在地下运行为主的城市铁路系统或捷运系统。

优点

节约能源：如今在全球变暖的问题下，地铁是最佳的大众交通运输工具。地铁行车的速度比较稳定，使很多的民众都喜欢乘坐，同时还代替了许多开车所消耗的能源。

减少噪音：由于铁路是在地底下建立，这样就可以减少地面的噪音。

节省土地：一般情况下，大都市的市区地皮价值都非常贵，把铁路建在地底下，不仅可以为地面节省一些空间，还可以让地面上的地皮另作其他的用途。

※ 地铁

减少污染：一般的汽车使用汽油或石油作为能源，而地铁使用的是电能，不会排放出尾气，也不会造成环境污染。

减少干扰：由于地铁的行驶路线是特别的，并不与其他运输系统（如地面道路）重叠、交叉，所以在行车时所受到的交通干扰是非常少的，这样也可以节省大量通行时间。

缺点

前期时间长：在建设地铁的前期时间里，由于需要规划和政府审批，甚至还需要试验。所以从开始计划到付诸行动，破土动工需要非常长的时间，短则需要几年，长则十几年也是有可能的。

建造成本高：由于是在地底下建立，那么就要钻挖地底，而地下建造成本要远远高于地面。

安全性能：对于雪灾和冰雹，虽然地铁的抵御能力比较强，但是对火灾、水灾、地震和恐怖主义等来说抵御能力就非常弱了。由于地铁的特殊构造，从而很容易导致因为这些因素而发生一些悲剧。所以地铁自出现以来，工程师们就一直在不断地研究着如何提高其安全性。

火灾：在以前，人们对于铁站内的防火设施并不予以重视。车站内一旦发生火灾，瞬间就会充满烟雾，而最严重的一次灾祸是 1987 年 11 月 18 日，英国伦敦地铁 King's Cross 站发生火灾，导致 31 人死亡。产生火灾的原因之一是因为伦敦地铁内采用了大量木质建筑。为此，日本地铁相关部门规定在地铁站内严禁吸烟，来避免火灾的发生。

水灾：主要是因为地铁内的系统要比地平线低，从而导致地上的雨水很容易的就可以灌入地铁内的设施。因此在设计地铁时，就必须充分规划防水排水设施，即便这样也可能会发生地铁站淹水事件。所以，在发生暴雨之时，地铁车站入口的防潮板和线路上的防水闸门都要关闭。有很多这样的例子，如台北捷运在纳莉台风侵袭时曾经发生淹水事件；还有北京地铁一号线因暴雨积水关闭了数小时。

地震：直接可以导致行进中的车辆出轨，所以在设计地铁时都有设计遇到地震就立即停驶的功能。为防止地铁地道的坍塌，对处于地震地带的地铁结构必须设计的特别坚固。

轨道车轮

一般情况下，城市的轨道系统使用的是铁轨和金属车轮。但随着铁路的发展，近年来也有系统使用混凝土路轨或橡胶车轮（和摩托车相近），或两者同时使用。

空气压力

由于地铁是随着列车在隧道内高速移动，可能产生隧道及车厢内的压力剧烈改变，而给旅客造成不舒服感，或者影响设备的使用寿命，其压力改变的现象与活塞效应一样。地铁因列车高速移动产生的压力波如果传到隧道出口，将产生隧道口微压波噪音，就会使附近居民的安宁受到影响。

营运方式

城市轨道交通系统的营运方式可以分为公营和民营两种。前者是由政府或自治团体来营运的；后者则是由民营企业营运的。同时还有第三种营运方式存在，虽然经营者是民营企业，但却是公营团体出资，在欧洲经常是这种方式。

在一些地区，轨道交通系统的票价无论是时间还是乘车长度的长短都是定额的。但是也有很多国家的轨道交通票价是按照乘坐距离（或依里程划分不同区间）来决定的。在欧洲的一些国家，如德国，轨道交通的票价采取地域制，就是以某一个地方为中心，向外辐射来划定地域，在一个地域（里程）内票价相同，而在下一个地域内就会有新的票价。现代，很多国家都组织了交通营运联合体，轨道交通系统与其他大众运输工具进行票证整合，轨道交通系统的车票在其他交通工具（如公共汽车或地区铁路）上也能使用。

也有很多城市的轨道交通系统导入了自动收费系统，这样不仅可以节省大量的人工，还可以节省运营成本。只要把专用的车票或 IC 卡插入，自动收费系统的验票闸门就可自动放行。在日本，城市轨道交通系统的自动收费装置还有很多智慧的功能，如它可以自动判定票的余额够不够、使用次数的多少等等。

列车运行

由于在都市内交通运输比较拥塞，大众普遍要求"不需要太长等候时间就能搭乘"。所以列车的运行间隔都被设定在 10 分钟以内。莫斯科在交通高峰时段更是每隔一分钟就有一班次列车。通常情况下，车站内两个月台内的列车是同时到达的。但在日本东京的部分线路里，则有缓行和急行两种运行方式同时进行的情况。急行列车在一些比较小的车站是不停的，而缓行列车在每个站都停。

世界上大部分的轨道交通线路，都是从早晨 4 点营运到凌晨 0 点。一般首班车都是在早晨的 4 点到 7 点，而末班车则是在晚上的 10 点至凌晨 1

点。但也有一些例外，美国芝加哥和美国纽约都是 24 小时运营。

主要用途

大部分的城市轨道交通系统都是用来运载市内通行的乘客，而在很多情况下城市轨道交通系统都会被当成城市交通的骨干。通常，很多城市解决交通堵塞问题的办法就是运用城市轨道交通系统。

此外，城市轨道交通系统也是用来展示国家在经济、社会以及技术上飞速发展的重要指标。比如苏联的地下铁路系统就是因为它的车站装饰华丽而出名，朝鲜首都平壤的地下铁路系统也有堂皇的装饰。

车辆

最初，城市轨道系统的车厢都是木制的，后来改为钢制来减少发生火灾造成的危险。1953 年，在多伦多开通地下铁路时，车厢就开始用铝来制作，有效地减少维修的成本和重量。很多地下铁路行走的隧道，都要比在主要干线上的小；所以一般而言，地下铁路的列车体积一般比较小。甚至有时候隧道也能影响列车的形状设计，像伦敦地铁的部分列车就是如此。

地铁车票种类（广州市）

单程票：适用于所有乘客。

普通储值票：适用于所有乘客，享受 9.5 折的扣值优惠。

羊城通：适用于所有乘客，享受 9.5 折的扣值优惠。

中小学生储值票：适用于广州市内全日制中小学校、中专学校、技工学校、职业学校学生及身高超过 1.1 米的学龄前儿童，享受 7 折的扣值优惠。

老年人储值票：适用于 60～65 周岁（不含 65 周岁）广州市老年人，享受 5 折的扣值优惠。

老年人免费票：适用于 65 周岁及以上的广州市老年人，持票人可免

※ 单程标

费乘坐地铁。

地铁车的类型

根据"体宽"可以将地铁列车分为 A、B、C 三个型号。以 A 型列车的宽度最大，载客量最多。目前上海的 1、2、3 号线以及深圳、广州、南京地铁运营的都是 A 型列车；而北京地铁使用的则是 B 型列车。目前投入使用的 A 型列车都是进口产品或引进技术制造，列车一旦出现故障，就必须由外方负责维修；如果是核心部件坏了，还需等待国外技术人员前来更换修复，有时候会把整个车送到国外去维修。

A 型列车：每辆车的高度为 3 米，宽度为 22.8 米；最大载客量为 2 460 人；最大运行速度为每小时 80 千米。与我国目前普遍运营的 B 型、C 型列车相比，具有功能先进、载客量大、运行可靠等特点，特别是对于那些人口密度大、客流量大的特大型城市非常适用，可以解决加挂车厢过多而带来的诸多难题，也有效缓解了轨道交通运输的巨大压力。

A 型列车配备了安全保障和尖端技术为一体的旅客信息系统，而且在每辆车内都装有国内最先进的电子报站装置，在运行过程中可以动态显示列车所处的位置、运行方向和前方车站。另外，在车内还装有与司机通话的装置，以防在运行中遇到紧急情况，可以使乘客在第一时间内与司机

※ A 型列车

※ B 型列车

进行沟通。此外，车内安装了 CCTV 监视系统，可即时记录车厢内发生的意外事件。代表车型：上海地铁 1、2、3、4 号线列车。

B 型列车：标准 B 型车与 A 型车相比，其车宽为 2.8 米，车高为 3.8 米，车体的有效长度为 19.8 米，不仅要比 A 型车小巧一些，在造价方面也要比 A 型车便宜很多。此外，因为车厢高 3.8 米，所以不管乘客的个子有多高，在乘坐地铁时都不会感觉到压抑。每趟可以载上千余名乘客，时速最高达到每小时 80 千米。代表车型：北京、天津地铁宽体车。

C 型列车：其体长为 19 米，宽为 2.6 米。代表车型：上海地铁 5、6、8 号线列车。

◎高铁

高铁是高速铁路的简称，主要是指通过改造原有线路（直线化、轨距标准化），使营运速率达到每小时 200 千米以上，或者就是专门修建一条新的"高速新线"，使营运速率达到每小时 250 千米以上的铁路系统。高速铁路除了列车营运达到一定的速度标准外，还需要有路轨、操作和车辆的配合提升。

高速铁道机车车辆

商业营运速度最少达到 250 千米/小时的高速动车组列车。

商业营运速度较低（200 千米/小时），但服务质量较高的列车，例如摆式列车。

商业营运速度达到 200 千米/小时的传统机辆模式（铁路机车牵引铁路车辆）铁路列车。

主要优势

1. 载客量高

高速铁路的最大优点就是载客量非常高。如果其旅程不是以大城市的中心为出发点和目的地，则使用高速铁路再加上转乘的时间可能只跟驾驶汽车差不多，但是高速铁路并不需要自行驾车，比较舒服。另外，高速铁路的速度虽然没有飞机快，但在距离稍短的旅程（650 千米以下），由于高速铁路不用到离的比较远的机场登机，也不需要值机、行李托运和安检，所以还是比较省时间的。由于高速铁路的班次安排也比较紧密，因此载客总量也要比民航高的多。

2. 速度快

高速铁路技术水平的最主要标志就是速度，世界各国都在不断提高列车的运行速度。法国、日本、德国、西班牙和意大利高速列车的最高运行

※ 摆式列车

时速分别达到了 300 千米、300 千米、280 千米、270 千米和 250 千米。如果再作进一步的改善，运行时速可以达到 350～400 千米。除了最高的运行速度外，旅客更关心的就是旅行时间，而旅行时间则是由旅行速度来决定的。就拿北京到上海来说，在正常天气情况下，乘飞机的旅行全程时间（含市区至机场、候检等全部时间）为 5 小时左右，如果乘高速铁路的直达列车，全程旅行时间则为 5～6 小时，与飞机相当；如果乘铁路列车，则需要 15～16 小时；若与高速公路比较，以上海到南京为例，沪宁高速公路 274 千米，汽车平均时速 83 千米，行车时间为 3.3 小时，加上进出沪、宁两市区一般需 1.7 小时，旅行全程时间为 5 小时，而乘高速列车，仅仅需要 1.15 小时。

3. 输送能力大

现在，世界各国的高速铁路差不多都可以满足最小行车间隔时间 4 分钟及其以下（日本可达 3 分钟）的要求，把 4 个小时的维修时间排除掉，则每天可出行的旅客列车约为 280 对；如果按每个列车平均乘坐 800 人来算，那么一年内平均单向输送能力将达到 82 000 万人；如果采用双联列车或改用双层客车，载客量就会高达 1.65 亿人。四车道高速公路的客运专线，单向每小时可通过小轿车 1 250 辆，全天工作 20 小时，可通过 25 000 辆。如大轿车占 20%，每车平均乘坐 40 人；小轿车占 80%，每车乘坐 2 人，一年平均单向输送能力为 8 760 万人。航空运输受机场容量的影响比较大，如果一条专用跑道的年起降能力为 12 万架次，采用大型客机的单向输送能力只能达到 1 500 万～1 800 万人。所以说，高速铁路的运输能力是相当大的。

4. 正点率高

由于高速铁路全部都是采用自动化控制，可以一天 24 小时内运营，除非发生地震。根据日本新干线风速限制的规范，如果装设有挡风墙，即使在有大风情况下，高速列车只要减速行驶就可以了，比如风速达到每秒 25～30 米，列车限速在 160 千米/小时；风速达到每秒 30～35 米（类似 11、12 级大风），列车限速在 70 千米/小时，而没必要停止运营。飞机机场和高速公路等，在遇到恶劣的天气，如浓雾、暴雨和冰雪等情况下，就必须关闭停运。

旅客之所以喜欢高速铁路，主要的原因之一就是它的正点率高。高速铁路系统的设备具有可靠性，而且它的运输组织水平也比较高，可以做到旅客列车极高的正点率。西班牙规定高速列车如果晚点超过 5 分钟就要退还旅客的全额车票费；日本规定超过 1 分钟就算晚点，晚点超过 2 小时就要退还旅客的加快费，1997 年东海道新干线列车平均晚点只有 0.3 分钟。

高速列车极高的准时性深深受到旅客的信赖。

5. 安全性好

由于高速铁路是在全封闭环境中进行自动化运行，又有一系列完善的安全保障系统，所以任何交通工具的安全程度都比不上它。自高速铁路问世 35 年以来，日、德、法三国共运送了 50 亿人次旅客。除了德国在 1998 年 6 月 3 日的 ICE884 高速列车行驶在改建线上发生事故外，世界各国的高速铁路都没有重大行车事故的发生，也没有因事故而引起人员伤亡的。在现代各种运输方式中，这是非常少有的。对于几个高速铁路发达的国家，一天之内要发出上千班次的高速列车，即使把德国发生的事故算入，其事故率及人员伤亡率也比现代的其他交通运输工具低得多，所以高速铁路被认为是最安全的。与此形成鲜明对比的是，据有关资料统计，全世界由于公路交通伤亡事故每年约死亡 25 万～30 万人；1994 年全球民用航空交通中有 47 架飞机坠毁，1385 人丧生，死亡人数比前一年增加 25％，比过去 10 年的平均数高出 20％。每 10 亿人的平均死亡数高达 140 人。

6. 舒适方便

一般每隔 4 分钟，高速铁路就会发出一班列车，而日本在旅客高峰时就会每 3 分半钟发出一列客车，基本上旅客都不用候车，可以做到随到随走。为了旅客的乘车方便，高速列车运行都是有一定的规律化，站台按车次也是固定化等。这是现代其他任何一种交通工具都没有办法做到的。高速铁路列车的车内布置较豪华，工作、生活设施也比较齐全，坐席宽敞舒适，走行性能好，运行非常平稳。车内会显得很安静，还可以减震、隔音。如果乘坐高速列车旅行，会让你感到这是一段非常愉快的旅程，心情也会非常好。

7. 能源消耗低

如果以"人/千米"单位能耗来进行比较的话。高速铁路为 1，则小轿车为 5，大客车为 2，飞机为 7。

高速列车主要是利用电力作牵引，不会消耗宝贵的石油等液体燃料，而是可以利用多种形式的能源。

8. 经济效益好

自高速铁路投入运行，进入到人们的生活中以来，就备受广大旅客的青睐，如日本东海道新干线开通后仅 7 年就收回了全部建设资金，从 1985 年以后，每年的纯利润就达到了 2 000 亿日元。德国 ICE 城市间高速列车每年纯利润达 10.7 亿马克。法国 TGV 年纯利润达 19.44 亿法郎。从这些数字中足以看出，高速铁路的经济效益是非常的好。

与普通铁路的区别

1. 高速铁路大量采用高架桥梁和隧道，以保证平顺性和缩短距离。

2. 高速铁路的弯道半径大，而且弯道也比较少。

3. 高速铁路的信号控制系统比普通铁路高级，因为其发车的密度大，车速快，安全性也一定要高。

4. 高速铁路的接触网，就是火车顶上的电线的悬挂方式与普通铁路是不一样的，它主要是为了保证高速动车组的接触稳定和耐久性。

5. 高速铁路都是无缝钢轨，非常平顺，以保证行车的安全和舒适性，而且时速 300 千米以上的高速铁路采用的是无渣轨道，就是没有石子的整体式道床来保证平顺性。

铁路交通设施
Tie Lu Jiao Tong She Shi

铁路基础设施包括线路、桥隧、道口、路基、检修设备和通信信号等。

◎线路

铁路线路是铁路固定基础设施的主体。它是在路基上铺设轨道，供机车车辆和列车运行的土工构筑物。

铁路线路可以分为正线、站线和特别用途线。主要是为了进行铁路运输所修建的固定路线。所谓的正线就是联结并贯穿分界点的线路。站线包括到发线、调车线、牵出线、装卸线、段管线等。特别用途线则包括站内和区

※ 线路图

间的安全线、避难线以及到企业厂矿、砂石场等地点的岔线。根据线路意义及其在整个铁路网中的作用，可以划分为Ⅰ级铁路、Ⅱ级铁路、Ⅲ级铁路3个等级。Ⅰ级铁路：在铁路网中起骨干作用，保证全国运输联系，具有重要的政治、经济、国防意义的铁路，远期国家要求的年输送能力＞800万吨；Ⅱ级铁路：在铁路网中起联络、辅助作用，并具有一定的政治、经济、国防意义，远期国家要求的年输送能力≥500万吨；Ⅲ级铁路：是具有地方意义，并为某一地区服务的铁路，远期国家要求的年输送能力＜500万吨。

◎桥隧

桥隧建筑物的构造很复杂，修建起来也比较困难，但价值较高，是铁路线路的重要组成部分。因此，我们必须做好桥隧建筑物的大修和维修工作，保证铁路运输的安全畅通，这对促进社会主义建设的发展有着非常重

38

※ 桥隧

要的意义。搞好运输生产工作的重要环节就是桥隧大修、维修工作。桥隧的大修工作主要是根据桥隧的技术状态和运输的需要进行。整治重大病害和有计划地进行设备改善，以提高桥隧建筑物的使用效能。桥隧的维修工作主要是按照预防为主，预防与整治相结合的原则进行，采取综合维修和经常保养相结合的方式，有计划地整治病害，及时消除对行车安全有隐患的地方，以保持桥隧建筑物经常处于均衡完好状态。做好桥隧大修、维修工作的重要依据就是"检查"，相关人员必须认真执行各项检查制度，开展桥梁隧道检定和试验工作，及时发现病害和分析病害原因，并有效地采取防治措施；积累技术资料，系统地掌握桥隧设备状态变化，以正确规定建筑物的运用条件。为了使桥隧大修、维修工作能顺利进行，铁路局应设工务段、桥隧大修段、大修设计和桥梁隧道检定等组织，对特大、技术复杂的桥梁和隧道群，铁路局可以根据具体情况设置养护机构，配置必要的机具、仪器及检修设备。桥隧大维修必须认真执行检查、计划、作业、验收等基本工作制度，全面实行现代化管理，积极采用和推广新技术，大力发展养桥机械化，搞好主要作业项目的标准化，不断提高生产效率和经济效益。对于桥隧的大修、维修施工，要特别特别注意行车和人身安全，处理好施工与运输之间的关系，在保证安全和质量的前提下，应尽量减少中断行车和限制行车速度的时间。

◎道口

铁路道口可分为有人看守道口和无人看守道口，主要是指道路与铁路的平面交汇处。

在铁路与道路平面交叉的道口，应当设置道口信号机、警示标志或者安全防护设施。无人看守的铁路道口，应当在距道口一定距离处设置明显的警示标志。过道口时要服从道口工作人员指挥，当栏木机栏杆放下时不可强行跨越。过无人道口时应注意道口的信号灯，并查看道口两侧是否有火车，在确认安全后，才可以通过。

◎路基

路基工程主要是由路基本体、路基排水设备和路基防护和加固建筑物三部分建筑物组成。路建工程的主体建筑物是路基本体。它是直接铺设轨道结构并承受列车荷载的部分，例如，路提、路堑等。路基排水设备属于路基的附属建筑物，例如，排除地面水的排水沟、侧沟、天沟和排除地下水的排水槽、渗水暗沟、渗水隧洞等。

※ 路基

路基防护和加固建筑物也是属于路基的附属建筑物，例如，护坡、支挡结构等，它们不直接承受轨道结构和列车荷载。

轨道的基础就是路基，它不仅承受轨道结构的重量，即静荷载，又同时承受列车行驶时通过轨道传播而来的动荷载。它的作用是在路基面上直接铺设轨道结构。路基同轨道所一起共同构成的这种相对松散联结线路结构形式，抵抗动荷载的能力弱。路基的建造材料，不论填或挖，主要是土石类散体材料，所以说路基是一种土工结构。因而路基经常受到地质、水、降雨、气候、地震等自我条件变化的侵袭和破坏，抵抗能力差。所以，路基要有足够的稳定性、耐久性和坚固性。对于高速铁路来说，路基还应有一定的刚度，从而可以保障列车在高速行驶中的平稳性和舒适性。

◎检修设备

铁路检修主要有工务段、机务段和电务段三大块。

工务段检修主要是检查铁路的线路钢轨磨损情况，路基有无下沉，道岔磨损情况，弹跳设备有无损坏等。

机务段检修主要是对铁路机车进行修建，及时更换磨损较大的相关零件，对车体进行维护等。

电务段检修主要检查铁路的沿线电力线路是否有损坏，铁路接触网导线有没有异常情况，接触网支柱有没有倾斜，对电力线路进行更换等。

◎通信信号

铁路通信信号主要分为铁路通信专业和信号专业两个部分。前者主要是为铁路行车设备的相互间通信服务用的，用于为铁路设备、人员、系统间通信进行服务的。该专业细分又可分为有线通信（特指传输）业务和无线通信业务，有线通信业务包含铁路电话、铁路通信通道服务、数据服务等；无线通信业务包含 GSM－R 通信服务，和中国移动通信很相似，但它是专用于铁路的无线通信，所以在 GSM 的名称后加 R，（Railway）表示铁路的意思。后者主要用于指挥铁路行车，给火车的行驶指明行驶方向和路径。铁路通信信号就是铁路系统的耳朵和眼睛，有了铁路通信信号，铁路系统就有了高新技术的集成，使铁路系统更具现代化、自动化、数字化、高科技化和智能化，从而为铁路行车的安全带来了有力的保障。

铁路交通管理

Tie Lu Jiao Tong Guan Li

火车脱轨是我国现在铁路安全管理的重中之重。危害铁路运输安全的严重事故就是火车脱轨。我国在铁路安全研究方面的基础还比较薄弱，缺乏必要的试验条件，列车轨道系统安全性评定和管理方面的规程、规范不够完善和健全，存在不少漏洞和缺陷。为了减少脱轨事故，确保铁路行车安全，应积极开展以下工作。

1. 建设机车车辆

为了对各种机车车辆的安全性能进行准确、公正、科学地评估，铁道部科学研究院应在东郊环行试验基地建设机车车辆安全性能试验线。一切新研制的机车车辆都要在这条试验线上对其动力学性能进行鉴定试验。

2. 建立和完善机车车辆轨道安全管理的规范

到现在为止，我国还没有对轨道、车辆状态的安全监控管理标准进行明确规定。在现有的机车车辆动力学性能试验评定的标准中，还没有评定与脱轨关系密切的车辆扭曲刚度和通过各种轨道不平顺时的安全指标、侧向力允许标准等安全性能规定，对曲线通过安全性评定的标准也还只是参照国外的标准，是否符合我国轨道实际的横向承载能力，却还是没有通过试验验证；脱轨系数、轮重减载率、转向架、车体振动加速度等的取值和评定方法，也未进行过系统深入的试验研究，这对于能否正确评定机车车辆的性能有很大的关系，必须认真深入的研究。

3. 组建铁路安全技术研究和监测中心

为了确保和强化交通的安全，铁路必须要有自己的研究和监测中心，特别是在将企事业单位（包括科研单位）推向市场，实行企业化管理后，就没有专门的单位来从事铁路的安全研究，以及对新旧设备在运用前和运用中的监视和测试工作，都是临时组织人员进行研究，这样只能解决一时的问题，不可能系统地解决问题。

4. 重视对已有货车运行状态的安全监测管理工作

我国的货车主要是在曲线圆缓点区、反向曲线夹直线段的脱轨，而且

事故在一直不断的发生；近年来，又接连多次发生空货车在状态良好的直线段脱轨的事故。所以，在除了研制新型货车转向架外，还应积极研究推广识别车辆性能不良、有潜在脱轨倾向的方法和仪器，积极推广监测货车超偏载、严重周期性减载等方面的安全监测系统。

铁路交通安全
Tie Lu Jiao Tong An Quan

对于铁路交通安全，我们要掌握一些安全知识。

铁路安全知识，是交通部、铁道部，以及各级政府部门，针对铁路运输过程中存在的危险、意外情况，就保障人民群众生命财产安全而提出的安全规范知识。

◎铁路旅客安全

1. 旅客在进站乘车和出站时都应当接受铁路工作人员的引导，也应积极接受并配合铁路运输企业在车站、列车上实施的安全检查，不得携带易燃易爆的物品、不得携带匕首、弹簧刀及其他管制刀具等危险品和禁止的物品进站乘车。

2. 旅客或托运人如果没有正当理由而拒绝接受检查时：在车站，安检人员可以拒绝其进站或运输；在列车上，列车工作人员可以通知乘警人员依法对其进行检查。因拒绝检查而影响运输的，由旅客或托运人负责。对于一些被怀疑为危险物品的，但受客观条件限制又无法认定其性质的，旅客或托运人又不能提供该物品性质和可以经旅客列车运输的检测证明时，铁路可以不对其进行运输。

3. 铁路运输的托运人在托运货物、行李、包裹时不得有下列行为：（1）匿报、谎报货物重量，或者装车、装箱超过规定重量；（2）在普通货物中夹带其他危险货物，或者在危险货物中夹带禁止配装的货物；（3）匿报、谎报货物品名、性质；（4）其他

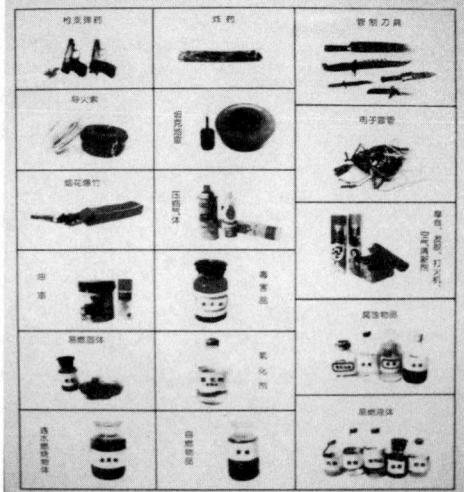

※ 危险物品

44

危及铁路运输安全的行为。

4.发现危险品或国家禁止、限制运输的物品，妨碍公共卫生的物品，损坏或污染车辆的物品，按该件全部重量加倍补收乘车站至下车站四类包裹运费。危险物品交前方停车站处理，必要时移交公安部门处理。如果有必要就地销毁的危险品应就地销毁，使其丧失危害力并且不承担任何赔偿责任。没收危险品时，应向被没收人出具书面证明。

5.旅客携带的物品由自己负责看管。每人可以免费携带物品的重量和体积是：儿童（含免费儿童）10千克，外交人员35千克，其他旅客20千克。每件物品外部尺寸长、宽、高之和不超过160厘米。杆状物品不超过200厘米，重量不超过20千克。

6.限量携带的物品有：⑴气体打火机5个，安全火柴20小盒；⑵不超过20毫升的指甲油、去光剂、染发剂，不超过100毫升的酒精、冷烫精，不超过600毫升的发胶、卫生杀虫剂、空气清新剂；⑶军人、武警、公安人员、民兵、猎人凭法规规定的持枪证明佩带枪支子弹。

◎铁路外安全常识

路肩就是铁路钢轨两侧的路基顶面。路肩上、桥梁上和隧道内都设有员工通道，是为了铁路维修人员在进行设备检查、维修时行走。在员工通道行走、作业时，铁路专业人员应采取必要的安全防护措施，与铁路无关的一些人员不得在铁路上、桥梁上、隧道内的员工通道行走，以免造成事故的发生。

※ 铁路检查

◎铁路外的安全管理

加强机动车车辆安全管理。各地道口管理和铁路部门、交通管理部门要加强道口安全管理，严格执行铁路道口安全管理制度，要加强机动车司机的教育，严格按道路交通信号和警示标志的规定行车，加大机动车违章执法力度，最大限度的减少铁路道口事故的发生。

加大铁路道口平改立进度。对于解决车辆、行人横穿铁路的根本办法是铁路道口平交改立交，铁路部门和地方政府要密切配合加大铁路道口平

改立的力度和进度，消除铁路道口的不安全因素。

·郑州地铁·

　　郑州地铁是郑州市第一条轨道运输系统。根据规划，由6条线路组成，总投资1000亿元。地铁建设分为起步、发展、成熟完善3个建设阶段，2009年3月份郑州地铁1号线一期工程动工，9月份郑州地铁2号线一期工程动工。2013年建成通车后，推进了郑州国际化城市交通轨道系统完善。

　　郑州地铁的标志以"中国""中州""中原"的"中"字为主体形象，喻示郑州从古至今都是华夏的"天之中"、"地之中"。以装饰的艺术手法将"中"字进行变形，使其在形态上颇似四通八达、往复运行的轨道。"中"标志左右两侧蕴含着以现代艺术手法表现的殷商青铜器饕餮纹元素，既有现代轨道交通行业特性，又包含了中国之"中"的中原、中原之"中"的郑州有着悠久而灿烂的历史文化，并且以金黄色为母亲河黄河的代表色，也寓意黄河文明，寓意着辉煌、预示着收获。标志的对称形态寓意企业经营发展的稳健，象征列车运行的安全可靠。

|| 拓展思考 ||

1. 磁悬列车在没有电的情况下应该怎么办？
2. 地铁和轻轨的区别有哪些？
3. 世界上最早开始发展高速铁路是哪个国家？
4. 高速铁路服务的对象包括哪些？

青少年应该知道的交通百科知识

水

路 交 通 知 识

SHUILUJIAOTONGZHISHI

第三章

　　水路交通运输在我国的综合运输体系中占据着重要的地位，并且越来越显示出它的巨大作用。主要是利用船舶、排筏和其他浮运工具，在江、河、湖泊、人工水道以及海洋上运送旅客和货物的一种运输方式。

水路交通概述

Shui Lu Jiao Tong Gai Shu

到今天为止，水路运输依然是世界上很多国家的最重要的运输方式之一。水路运输主要是以船舶为主要的运输工具、以港口或港站为运输基地、以立域包括海洋、河流和湖泊为运输活动范围的一种运输方式。

◎分类

根据航行水运性质，水运分海运和河运两种。它们是以海洋和河流作交通线的。

海运就是海洋运输，主要是使用船舶等水运工具经海上航道运送货物和旅客的一种运输方式。它的优点是运量大、成本低等，但相对来说其运输速度较慢，且易受自然条件的影响。

河运就是内河运输，主要是用船舶和其他水运工具，在国内的江、河、湖泊、水库等天然或人工水道运送货物和旅客的一种运输方式。其优点主要有投资较省、成本低、耗能少、少占或不占农田等等，但是它的速度比较慢，受自然的条件限制也较大，连续性也比较差。需要通航吨位较高的船舶，对于窄的河道要加宽，浅的要挖深，有的时候还要进行挖沟，开通河流与河流之间的运河，这样大型内河船舶的航道才可以四通八达。

◎运输的形式

（1）沿海运输：指的是使用船舶通过大陆附近沿海航道来运送客货的一种运输方式，通常情况下，都是使用中、小型船舶。

（2）内河运输：是使用船舶在陆地内的江、河、湖、川等水道进行运输的一种方式，主要使用中、小型船舶。

（3）远洋运输：是使用船舶跨大洋的长途运输形式，主要依靠运量大的大型船舶。

（4）近海运输：是使用船舶通过大陆邻近国家海上航道运送客货的一种运输形式，一般情况下，中小型船舶都可以使用。

※ 远洋运输

◎水路运输的优点与缺点

　　水路运输具有以下优点：平均运行的距离长；线路的投资少，主要利用天然水道，而且也节省土地资源；通用性能也比较好；船舶由于是沿水道浮动运行，可实现大吨位的运输，降低运输成本，对于运输非液体的商品而言，水运运输通常是运输成本最低的方式；由于江、河、湖、海都是相互贯通的，这样沿水道就可以实现长距离的运输。

　　水路运输的一些缺点：船舶航行受气候条件的影响是比较大的，如在寒冷的冬季经常会出现断航的事情，断航将使水运用户的存货成本上升，这就决定了水运主要承运价值比较低的商品；可达性也比较差，托运人或收货人如果不在航道上，还需要依靠汽车或铁路运输进行转运；船舶平均航速较低；水运（特别是对海洋运输来说）与其他运输方式相比，对货物在载运和搬运方面的要求非常高，同时它的安全性相对来说比较低。

第三章 水路交通知识
SHUILUJIAOTONGZHISHI

49

水路交通工具

Shui Lu Jiao Tong Gang Ju

船舶是水路交通运输最主要的工具。船舶是人们从事水上交通运输和水工作业的主要工具。随着人类社会的发展以及科学的进步，船舶的数目越来越庞大，种类繁多。

※ 船舶

◎分类

虽然船舶的分类非常多，但通常都是按船舶用途来分类，大致可分为如下几种：

1. 运输船舶：主要包括客船、客货船、渡船、杂货船、散货船、集装箱船、滚装船、载驳船、驳船、冷藏船、运木船、油船、化学品船、液化气船等。

2. 工程船：包括挖泥船、起重船、打桩船、浮船坞、布设船、救捞船、破冰船和海洋开发船、钻井船、钻井平台等。

3. 港务船：包括供应船、交通船、拖船、引航船、消防船和助航工作船等。

4. 渔业船：包括拖网渔船、钓渔船、捕鲸船、渔业指导船和调查船、渔业加工船等。

5. 军用船舶：包括航空母舰、巡洋舰、驱逐舰、护卫舰、布雷舰、扫雷舰艇、登陆舰艇、潜艇、猎潜艇和各种快艇等。

6. 辅助舰艇：包括补给舰、修理船、训练舰、消磁船、医院船、通信船、靶船、各种试验船及测量船等。

7. 海洋调查船：包括海洋综合调查船、海洋专业（水文、地质、生物）调查船、深潜器等。

◎主要船舶及特点

客船及货船

客船就是专门用来载运旅客与其所携带的行李的船。有的也同时运少许货物的客船，这种船就是我们所说的客货船。对客船最主要的要求就是安全可靠、快速及舒适。所以，客船必须具有适航性、良好的稳定性、抗沉性和足够的强度。客船上房舱的布置更应该非常的舒适、

※ 客船

合理、美观，而且也要有良好的通风、照明、采光、卫生和空调等设备，让乘客感到舒适。

一般来说，客船的外形特征就是甲板层数多，上层建筑比较丰满，首尾大都是呈阶梯形状，整个上层建筑都在一个光顺的流线之内包络着。如果从侧面去看整个大型客船，就如一座陆地上高耸的大楼。在船的顶层两侧，有很多的救生艇和其他救生工具。

随着航空客运的快速发展，近年来，客船特别是那些大型的客船正逐渐向旅游船过渡。它的主要特点就是客舱布置的像宾馆一样，舒适性非常好，各种生活设施设备也较齐全，并设有大型的公共活动场所，娱乐设施都属于一流。

海洋客船

主要包括远洋、近海与沿海几种形式。这类船舶的特点是运送的都是比较大的吨位、设备齐全、航速高。在航空运输还没有兴起时，国际邮件主要就是靠这类船舶来输送的，所以又被称为邮船。远洋客船的吨位一般在2～3万吨，最大的可达7万吨（均为重量吨）；航速较高，约29节左右，最高可达36节。近海、沿海客船的吨位在1万吨左右，航速为18～20节。

旅游船

大约在 20 世纪 60 年代时，旅游船开始兴起。它主要是为旅游者提供旅行、游览之用。它与海洋客船的船型比较相似，但其吨位要比海洋客船小些。船上的设备也是较齐全，能为旅客提供疗养、娱乐、智力开发等综合服务。

内河客船

主要是指在江河湖泊上运行的客船。其载客量较小，速度较低，设备与海洋客船相比，也比较简单些。

车客渡船

这种船是在 20 世纪 60 年代以后兴起的一种船。除了载客外，还能同时载运一定数量的旅客自备汽车。为了使旅客自备的小型客车能驶进船上的车库，其客船还在船舯或船艉专门设置了跳板。

◎小型高速客船

水翼船

主要是指在船体下装有水翼，在航行时主要靠水翼产生的升力来支持船体全部或部分升离水面而高速航行的船舶。就目前来说，水翼船的航速可达 40～60 节，排水量约在 100～300 吨，最多可设有 300 个客位。

气垫船

主要是利用高压空气在船底与水面间形成气垫，使船体部分或全部垫上升而实现高速航行的船舶。在工作时，先用大功率的鼓风机将空气压入船底下的围蔽空间，由船底周围的气封装置限制其逸出而形成气垫，托起船体从而使船舶高速航行。它的主要缺点是耐波性较差，在风浪中航行失速较大。目前，气垫船的航速约在 60～100 节，最大可达 130 节，客位约100～200 个。

杂货船

我们平时常见的一种货物运输船就是杂货船。杂货船就是用来载运箱装、桶装、包装和袋装等的普通件杂货物的货船。由于杂货船这种装载货

物种类的特点，所以大部分都是不定期的货船，远洋货船载货量通常在1万~2万吨，沿海货船一般在几百吨至几千吨。

杂货船的外形特点大多都是前倾型首、方型尾，机舱布置的形式也有多种，如中机型、中后机型和尾机型等等，甲板上的货舱口比较大，且在货舱门之间也配备了完善的起货设备。大型的杂货船有4~6个货舱，货舱内有2~3层甲板。随着水运的发展，近年来，杂货船都是成批的生产，且设计的都是标准船型，逐渐向建造多用途的货船方向发展。

※ 杂货船

散货船

散货船就是专门用来运送化肥、水泥、煤炭、木材、矿砂、谷物、钢铁等散装货物的船舶。散货船的特点是球鼻型首和方型尾，单层甲板双层底，机舱和驾驶室都是在船的尾部，货舱口与杂货船相比，要宽很多，且带有顶边舱和底边舱，主要是为了装卸货物方便。一般大抓斗、吸粮机、装煤机和皮带传送机等都可以装卸散货船，且装卸速度快，运输效率高。

※ 散货船

集装箱船

顾名思义，集装箱船就是专门用来装运规格统一的标准货箱的船舶。集装箱船按装载情况可以分为全集装箱船、半集装箱船、兼用集装箱船三大类。在装船前，各种货物都已装到了标准的货箱内，然后再装船，在装、卸的过程中不会再出现单件货物，便于装卸。由于集装箱运输加快了货物的送达，提高了运输效率，加速了车船周转，减少了营运费用，减轻了劳动强度，降低了运输成本，所以，在近几十年来，集装箱船的发展非常的快。由于集装箱船的外形比较瘦长，为了减少风浪的影响，通常都是采用球鼻首船型。上甲板平直，货舱口成双列或三列。通常情况下，集装箱的装卸都是由岸上的起重机进行，所以，一大部分的集装箱船上是没有起货设备的。集装箱船的机舱是在尾部或中部偏后设立。

油船

油船就是用来专门运载石油类液货的船只。如果单从外形和布置上来看，与一般的干货船是很容易分别出来的。油船上层的建筑和机舱设在尾部，上甲板纵中部位，布置纵通全船的输油管和步桥。在各个密封的油舱内装的就是石油，油船在装卸石油时采用的是油泵和输油管来输送的，因此它不需要起货吊杆和起货机，且甲板上的货舱开口也不用太大。油船各油舱内装有蒸汽加热管路，当温度低时石油的黏度增加，不容易流动，有了加热管加温舱内的石油，就可使石油流动，便于装卸。为了避免浆轴通过油舱时可能引起的轴隧漏油和挥发出可燃气体引起爆炸的危险，通常将油船的机舱设在尾部，这样在排烟时，烟囱就可以把带出的火星向后吹走，不会落入油舱的通气管内而引起火灾。

冷藏船

冷藏船是专门用来运输鲜活易腐货物的船舶，比如新鲜的鸡、鸭、鱼、肉、蛋、水果、蔬菜和冷冻食品等的装运。冷藏船看起来就是一座水上的活动冷库。专用的冷藏船的吨位不大，通常是在数百吨到数千吨，但航速比较高。一些客船上也同时带冷藏鲜货。

◎渡船

又名渡轮，它指的是在江河、湖泊、海峡及岛屿之间航行的运输船舶，主要用于载运旅客、货物、车辆和列车渡过湖泊、海峡和江河。渡船的历史是非常悠久的，是一种短程运输船舶，可以在世界上的很多地方都可以看见它的踪影。

※ 渡船

渡船的各类是比较多的，有汽车渡船、列车渡船、旅客渡船和新型的铁路联络船。

54

汽车渡船

汽车渡船主要有两种：端靠式和侧靠式。它主要是用来载运汽车渡过江河、湖泊、海峡。端靠式的渡船的首尾相同，甲板呈长方形，两端设有吊架和带铰链的跳板，汽车通过跳板上下渡船；而侧靠式的船比较宽大，汽车可通过码头上的跳板从两侧上下渡船。

首、尾端对称是汽车渡船的最大特点，在首、尾端均装有推进器和船舵。这样，船的首、尾端都可以靠岸。

列车渡船

列车渡船，主要是用来载运铁路车辆渡过江河、海峡。又称火车渡船。它的甲板呈长方形，上铺轨道。船的首位形状相同，列车可以从两端进出。在船的两端都有舵和推进器，在航行时就不需要调头。列车上下渡船要经过栈桥，对于一些列车渡船，它要渡过较宽海峡，就必须要有较好的耐波性，因而首部与常规船相似，列车从船尾端上下渡船。

※ 列车渡船

旅客渡船

旅客渡船主要是用来载运旅客及其随身携带的物品渡过江河、湖泊、海峡，有的还同时运送非机动车和小型机动车辆。事实上，它就是一艘短程运输的客船，为了保证有足够的稳性，通常采用的是双体船船型。旅客渡船上，设有旅客坐席。

铁路联络船

铁路联络船是在传统的列车渡船的基础上研制出来，实际上是一种载运列车和旅客渡过海峡的多用途船。它有常规海船的首部，在船的下层铺有轨道，主要是用来停放列车的，列车由船尾上下船。船上有上层建筑，可供旅客和列车乘务员在渡海航程中活动或休息。最早铁路联络船是日本开始研制，后来，瑞典特雷勒堡到德国萨斯尼茨的传统渡船航线上，也开始采用这种新型渡船。

渡船具有以下特点：

一是有宽大的舱室和甲板，便于多载客，多装货。

二是具有良好的稳性，船体宽大，稳性，有的渡船采用双体船船型，航行时平稳。

三是具有良好的操纵性，一般有两套动力装置，用双螺旋桨推进，操纵性好，可以方便地停靠码头，上下旅客，装卸货物。

四是船体结构简单，船上的设备也比较简单，特别是在江河里过渡用的渡船，船体轻巧，生活设备很少。

◎驳船

驳船主要是用于客货运输。它是指在运河、河流上运载客货的大型平底船，没有动力推进装置，本身没有自航能力，主要是靠机动船带动的船。驳船可以单只或编列成队由拖船拖带或由推船顶推航行。

※ 驳船

特点

它的设备比较简单、吃水浅、载货量大。驳船一般为非机动船，与拖船或顶推船组成驳船船队，可在狭窄水道和浅水航道航行，并可根据货物运输要求而随时编组，适合内河各港口之间的货物运输。有少数的驳船增设了推进装置，这种驳船称为机动驳船。机动驳船具有一定的自航能力。

按用途分类：主要有客驳和货驳。

客驳主要是指专运旅客，设有生活设施，一般用于小河客运。

货驳主要是用来载运货物，按所运货物可分为干货驳、矿砂驳、煤驳、油驳等。货驳一般没有设置起重设备，主要是依靠码头上的装卸机械进行装卸货物。货驳也可在港口用于货物的中转。

结构形式

半舱驳，是指可在甲板上堆装货物、甲板四周设有舱口围板。

甲板驳，不设货舱、在甲板上堆装货物、甲板四周设有挡货围板。

罐驳，在甲板上设置罐等密闭容器以装运油、液化气体等液体货物的罐驳等。

敞舱驳，有设有几个货舱口的舱口驳，只设一个货舱，货舱上方全敞开的。

按材料分类，有钢驳、木驳、水泥驳。

按船型分，主要有分节驳和普通驳。

※ 驳船

分节驳的两端是箱形（全分节驳），或者是一端斜削、另一端呈箱形（半分节驳）。普通驳则是首尾两端斜削呈流线型，备有锚和舵。我国古代的对槽船（又称两节船）可以看做是现代半分节驳组成的船队的雏形。它由两节相同长度的船组成，前节船首端斜削，尾端呈方箱形，后节船首端为方箱形，尾端斜削，两节船的方箱形一端相互对拢，用缆绳连接。舵设在后节船上。现代的分节驳上一般都没有舵，美国的分节驳上也不设锚，我国和西欧一些国家的分节驳上设锚。分节驳的结构简单，施工方便，造价低，用分节驳组成船队，可降低航行阻力，提高载货量，所以分节驳的应用非常的广泛。美国常用的分节驳有三种，它们主要是根据内河航道的标准尺度来确定分节驳的载重量和尺度的。

轮驳船队

主要可以分类两种：顶推船队和拖驳船队。顶推船队由推船和驳船组成，用于运输货物。顶推船队又可以分为普通驳顶推船队和分节驳顶推船队两种。前者主要是用缆绳将推船和普通驳绑结而成，船队有多种队形。后者主要是由推船和分节驳组成。推船和分节驳之间、分节驳和分节驳之间有的是用缆绳连接，也有的是用机械连接。在海上，一般都是一艘推船顶推一艘驳船；在内河，一艘推船可顶推驳船数十艘。在美国密西西比河下游，一艘 16 000 马力的推船和 40 多艘驳船组成一个顶推船队。拖驳船队由拖船和普通驳船组成，主要用于货物运输，也用于小河上旅客运输。在海上一般是一艘拖船拖带 1～3 艘驳船，在内河可拖带 10 艘以上。拖驳船队基本为一列式拖带的队形。拖船和驳船、驳船和驳船之间用缆绳来连接。

水路交通设施

Shui Lu Jiao Tong She Shi

水路运输的主要设施是航道与航标、港口及其附属设施。

◎航道

航道主要是由可通航水域、助航设施和水域条件组成。它指的是在内河、湖泊、港湾等水域内可供船舶安全航行的通道。按形成原因可以分为天然航道和人工航道；按使用性质分专用航道和公用航道；按管理归属分国家航道和地方航道。对海上航道来说，主要是天然航道，人工航道、运河及过船建筑物只是作为天然航道的补充和完善。

天然航道：就是利用天然水域提供的航道尺度行驶相应尺度的船舶。如果局部河段的尺度不足，就需要通过采用整治与疏浚的手段使之达到要求的尺度。

人工航道：人工航道是指由人工开凿，主要用于船舶通航的河流，又称运河。人工航道一般都是在几个水系或海洋的交界处开凿，这样就可以

※ 码头

缩短船舶的航行路程，降低运输费用，方便人们的生产和生活，扩大船舶航行的范围，进而形成一定规模的水运网络。一些著名的国际通航运河对世界航运的发展影响很大，其中主要有苏伊士运河、巴拿马运河和基尔运河。我国的京杭大运河是世界上最古老最长的人工运河。运河全长 1794 千米，横跨北京、天津两市，直穿河北、山东、江苏、浙江等四省，从内陆将海河、黄河、淮河、长江、钱塘江五大水系沟通，是我国国内水运的大动脉。正是由于这种特殊的重要作用，两千多年来人们一直在对大运河进行整治和扩建。

◎沿革

世界上较早利用水运国家之一的中国，相传早在大禹时已"导四渎而为贡道"，开始利用天然河流作为航道。公元前 486 年就已经开邗沟。中国古代的京杭运河曾将海河、黄河、淮河、长江和钱塘江五大水系连接起来。虽然在 20 世纪 80 年代中国内河通航里程达到 10 万千米，但航道的开发和利用却并不充分。但近年来，随着运输事业的飞速发展，水运要求各个水系的航道都要相互沟通，连接成网。比如美国已形成以密西西比河为主干的航道网，西欧已形成以莱茵河为主干的航道网，苏联欧洲部分已形成以伏尔加河为主干的航道网。由于航道网的大力建设，使当地的运输和生产的发展有了很大的进步。

◎天然航道的碍航特点

一般来说，山区的航道槽窄、弯急、滩多，除了存在着航道尺度不足外，还有一些部位的坡陡流急，在上行时，船舶是非常困难的，在下行时又非常危险，这些区域被称为急流滩；在一些地区内还存在着险恶的流态，如回流、横流、旋水和泡水等，船舶是很难进行航行的，如果一不小心，就会有事故发生，这种地区称为险滩。

有些地区的河口会有大量的泥沙沉积下来而形成拦门沙浅滩，比如我国的钱塘江河口拦门沙长 130 千米左右，沙顶高出河床基线约 10 米。航道在潮流、径流及其来沙的相互作用下也不稳定，由于通过的船舶吨位较大，河口区的航道水深也常常不能满足航行要求。

虽然平原河流纵坡平缓，河床的宽度也较大，但也有一些水深不足的浅滩阻碍航行。在水流与河床的相互作用下，顺直河段深槽和浅滩逐渐地下移；汊道河段随着各汊的分流比、分沙比变化，航道也相应地改变尺度；在游荡性的河道中，虽然没有明显的浅滩和深槽，但由于变化较频繁

的河床，还是会有一些河段是无法航行。

所以，必须大力兴建航道，为船舶航行消除障碍，加大通航船舶吨位，延长航道里程，将各个水系连接成四通八达的航道网，充分发挥水运给人们带来的优越性。

◎对航道的要求

航道的流速和水面的比降不能相差太大，流态也不能太乱；跨河建筑物如桥梁、电缆等都应符合水上净空要求；航首也应有与设计通航船舶相应的航道尺度，其中包括深度、宽度和弯曲半径。

◎通航标准

建设航道的主要标准是航道尺度，主要包括航道深度、宽度、弯曲半径、断面系数（见运河）以及水上净空和船闸尺度等。航道尺度应该满足船舶航行安全方便和建设、运行经济的要求。航道尺度与船型的选定都是互相影响的，与水域的条件（天然航道还是人工航道；山区航道、平原航道还是河口航道；库区航道还是湖区航道等）和货运量的大小有很大的关系。如果是运量大的船舶，那么相应的航道尺度也要相应地扩大，应进行运输成本、航道工程基建投资和维护费用等的综合比较。一般情况下，都应该依据国家制定的通航标准来进行航道尺度的选取，这样才可以使各地区各水系的航道畅通和实现直达运输。为了协调船舶、航道、船闸和跨河建筑物的主要尺度，促进航道网的建设，实现内河通航的标准化，世界各国都对其标准进行了制定。如，1952年苏联规定了内河航道分成7个标准。1960年欧洲又列出了6个等级的航道。美国对密西西比河和五大湖水系等也规定了相应的水深和船闸等标准。在国际上，航道等级技术的指标划分主要有两种：一种是以航道水深作为分级指标，结合选定相应的船型；另一种是以标准驳船的吨位及船型作为分级指标。我国采用的是后一种指标对航道来进行分级的。1963年我国颁发了《全国天然、渠化河流及人工运河通航试行标准》，将通航载重50～3000吨船舶的航道分为6级，分别列出了天然河流、渠化河流以及人工运河的航道水深、宽度和弯曲半径，以及船闸尺度和跨河建筑物的通航净空，并列出了各级航道通航水位的保证率标准。1981年中国对原标准进行了修订。

◎航道工程

开拓航道和改善航道航行条件的工程，通常包括以下几个方面：航道

整治，如山区航道整治、平原航道整治、河口航道整治；绞滩；渠化工程及其他通航建筑物；航道疏浚；径流调节，利用在浅滩上游建造的水库调节流量，以满足水库下游航道水深的要求；开挖运河。

在河流上兴建航道工程时，应该综合考虑到航运与防洪、灌溉、水力发电等方面的利益，进行综合治理与开发，为国民经济谋求最大的效益。在对航道工程措施进行选定时，要根据河流的自然特点，进行技术经济比较后确定。

◎管理维护

为了使航道能够四通八达，畅通无阻，航道管理部门应该对航道经常进行测量，一旦发现航道的某些段落不能满足所要求的尺度时，就要及时采取有效措施进行整治，如航道疏浚等；如发现航道被障碍物堵塞了，还应该对河床进行打扫、打捞。另外，航道管理部门还要有计划地定期对航道中的回淤进行清除，对建筑物和船闸进行维修整治，而且也要管理、保养航标、通讯等设备。

◎航标

由于航道只是水域的一部分，但是为了使船舶能够安全方便地沿着航道行驶，我们就需要用标志标示出航道的具体位置和范围，这种标志称为航标。

航行标志，简称航标，是指示航道方向、界限与碍航物的标志，包括过河标、沿岸标、导标、过渡导标、首尾导标、侧面标、左右通航标、示位标、泛滥标和桥涵标等。它是帮助引导船舶航行、定位和标示碍航物与表示警告的人工标志。

它是一种可以为各种水上活动提供安全信息的设施或系统，分视觉航标、无线电航标和音响航标三大类。主要在通航水域或其近处进行设立，以标示航道、锚地、滩险及其他碍航物的位置，表示水深、风情，指挥狭窄水道的交通。一些永久性的航标都载入了各国出版的航标表和海图中。

对于水运、渔业、海洋开发和国防建设等，航标都起着不可磨灭的作用。我国的沿海航标是由中国海事局统一管理和维护的。到 2007 年为止，航标数量为 5096 座。近年来，随着水运事业的不断发展，像山峰、岛屿等一些天然性的标志已渐渐不能满足船舶航行的需要，在这样的情况下，航标就应运而生了。航标主要用以表示航道、锚地、碍航物、浅滩等，或作为定位、转向的标志等。航标也用以传送信号，如标示水深，预告风情，指挥狭窄水道交通等。永久性航标的位置、特征、灯质、信号等都载入各国出版的航标表和海图。现代航标主要分为海区航标和内河航标两类。

为了与沿海水运经济的发展相适应，中国海事局一直以来都是以港口、水域为重点，以支持港口航运生产为核心，大力加强沿海航标系统的建设，以全面提高航标助航效能和构建航标统一管理机制为目标，接收改造地方标，使航标管理更加规范，航标配布更加合理，从而也保证了航标整体效能的稳定。对重点水域开展的航标建设和改造，完善综合水上安全保障系统，为满足人民群众出行、促进经济发展和推进社会主义新农村建设发挥了积极的作用。2007 年，中国利用 ISO9001 质量管理体系标准的理念，参照 IALA 1052 指南及相关国际组织的建议，开始对航标质量管理体系进行试运行。

为了保障沿海水域的通航安全，确保应急航标恢复及时完成、应急标志及时设置、应急任务及时完成、信息及时传递处理，提高全国海区航标应急反应能力，中国海事局制定并发布了《海区航标应急反应管理办法》，认真履行航标应急反应职责、积极参与海上抢险救助、不断加强航标工作船舶、溢油处理设备的配置。如今，海事航标应急队伍已经成为沿海水上应急和安全保障的一支重要力量，为海洋事业树立了良好的形象。

◎港口

港口主要是供船舶安全进出和停泊的运输枢纽，它具备水陆联运的设备和条件。它不仅是水陆交通的集结点和枢纽，工农业产品和外贸进出口物资的集散地，还是船舶停泊、装卸货物、上下旅客补充给养的场所。

◎港口分类

基本港

基本港大多数是位于中心的较大口岸，港口设备条件比较好，货载多而且稳定。如果被规定为基本港口，则其货量就不再受限。一般情况下，运往基本港口的货物都是直达运输，不需要中途转船。但有些时候，会因货量太少，船方决定中途转运，这主要是由船方自行安排，并承担相应的转船费用。按基本港口运费率向货方收取运费，不得加收转船附加费或直航附加费，并应签发直达提单。

62

非基本港

通常来说，凡基本港口以外的港口都称为非基本港口。非基本港口在收费时除了按基本港口收费外，还需另外加收转船附加费。如果达到了一定的货量就改为加收直航附加费。

港口按用途分，可分为商港、军港、渔港、避风港等。

按所处位置分，有河口港、海港和河港等。

河口港

河口港主要是位于河流入海口或受潮汐影响的河口段内，它同时也可以为海船和河船服务。通常情况下，都是有大城市作依托，水陆交通非常便利，内河水道通常可以深入到内地广阔的经济腹地，承担大量的货流量，所以世界上有许多的大港都在河口附近建立，如鹿特丹港、伦敦港、纽约港、上海港等。河口港的特点是，码头

※ 河口港

上的设施都是沿河岸布置，离海不远而又不需建防波堤，如果岸线的长度不够，还可以增设挖入式港池。

海港

海港主要是位于海岸、海湾内，但也有一些是离开海岸建在深水海面上的，位于开敞海面岸边或天然掩护不足的海湾内的港口，通常要修建一个相当规模的防波堤，如大连港、青岛港、连云港、基隆港、意大利的热那亚港等。供巨型油轮或矿石船靠泊的单点或多点系泊码头和岛式码头属于无掩

※ 海港

护的外海海港，如利比亚的卜拉加港、黎巴嫩的西顿港等。如果是潟湖被天然沙嘴完全或部分隔开，在开挖运河或拓宽、浚深航道后，就可以把港建立在潟湖岸边，如广西北海港。另外，也有一些是完全靠天然掩护的大型海港，如东京港、香港港、澳大利亚的悉尼港等。

河港

河港包括湖泊港和水库港，它是指位于天然河流或人工运河上的港口。湖泊港和水库港的水面比较宽阔，风浪有时候也会很大，所以它与海港有许多相似的地方，比如通常都需要修建防波堤等。

◎港口组成

港口主要是由水域和陆域组成。

水域

水域主要包括进港航道、港池和锚泊地。

进港航道主要是用来保证船舶安全方便地进出港口，它必须有适当的位置、方向和弯道曲半径和足够的深度和宽度，避免强烈的横风、横流和严重淤积，尽量把航道的开辟和维护费用降到最低。当港口位于深水岸段、低潮或低水位时，天然水深已足够船舶航行需要时，就不用再去开挖人工航道了，但是要把船舶出入港口的最安全最方便的路线标志出来。如果上述条件得不到满足，而且要求船舶随时都可以进出港口，就需开挖人工航道。人工航道分单向航道和双向航道。大型船舶的航道宽度约为80~300米，小型船舶的大约为50~60米。

港池主要指的是能够和港口陆域直接毗连，且可供船舶靠离码头、临时停泊和调头的水域。按构造形式划分，港池可以分为开敞式港池、封闭式港池和挖入式港池。港池的尺度应根据船舶尺度、船舶靠离码头方式、水流和风向的影响及调头水域布置等确定。在开敞式港池内不设闸门或船闸，水面主要是随水位的变化而升降。而在封闭式港池池内设有闸门或船闸，主要是用来控制水位，在潮差比较大的地区广泛使用。

锚泊地主要是指有天然掩护或人工掩护条件能抵御强风浪的水域，船舶可在此锚泊、等待靠泊码头或离开港口。如果港口缺乏深水码头泊位，也可以在此进行船转船的水上装卸作业。另外，内河泊船船队还可在此进行编、解队和换拖（轮）作业。

陆域

陆域指的就是港口供货物装卸、堆存、转运和旅客集散之用的陆地面积。陆域上有进港陆上通道（铁路、道路、运输管道等）、码头前方装卸作业区和港口后方区。前方装卸作业区主要是供分配货物，布置码头前沿铁路、道路、装卸机械设备和快速周转货物的仓库或堆场（前方库场）及候船大厅等之用。而港口后方区则是供布置港内铁路、道路、较长时间堆存货物的仓库或堆场（后方库场）、港口附属设施（车库、停车场、机具修理车间、工具房、变电站、消防站等）以及行政、服务房屋等。为了使港口的陆域面积减少，在港内也可以不设立后方库场。

码头与泊位

码头主要是用来供船舶停靠的，方便旅客上下、货物装卸的水工建筑物。码头的前沿线通常就是港口的生产线，同时也是港口水域和陆域的交接线。码头线的布置形式是多种多样的，如顺岸码头，它主要是与岸线平行；还有一种就是突堤码头，它主要是与岸线正交或斜交。河港大都是顺岸码头，海港则是突堤码头，主要是为了在有掩护的范围内形成较多的曲折岸线，这样就可以将码头泊位布置的更多一些。

"泊位"就是供船舶停泊的位置。一个泊位可供一艘船舶停泊。由于船型不一样，其长度也不一样，因此泊位的长度依据船型的大小而也会有所差别，同时还要在两船之间留出一定的距离，以便于船舶系解绳缆。通常在一个码头要同时停泊几艘船，也就是要有几个泊位，因此码头线长度是由泊位数和每个泊位的长度来决定的。码头前沿的水深一定要能够使船舶吃到水，同时也要考虑到船舶装卸和潮汐变化的影响，一定要留有足够富余的水深。

港口仓库和堆场

顾名思义，仓库和堆场主要是供货物在装船前和卸船后短期存放使用的。大部分比较贵重的杂货件都是堆放在仓库内保管；仅仅那些不怕风吹雨淋的货物如矿石、建材等才可放入露天堆场或货棚内，这种散堆装货物的堆场通常离市区和其他码头都比较远，主要是为了防止对环境造成污染。

铁路及道路

货物在港口的集散除了充分利用水路外，主要依靠的还是陆路交通，所以铁路和公路系统也是港口陆域上的重要设施。如果有大量的货物需要

用铁路来运输时，就需要专门设置港口车站。货物列车在这里可以进行编组或解体，并有专门的机车相配，可以直接把车辆送往码头前沿或库场的装卸线；装卸完毕后再由机车取回送往港口车站编组。如果在没有内河的海港，其最主要的运输方式就是铁路，可以说港口的生产与铁路部门的关系是密不可分的，比如我国的秦皇岛港、大连港、青岛港等都是这样。

起重运输机械

现代港口的装卸工作基本上都是由各式各样的机械来完成。像"起重机械"主要是用来起吊货物的；而"运输机械"则主要是用来搬运货物的，两者合在一起就被称为起重运输机械。在港口可以对船舶实行装卸作业；在船舱内进行各种搬运、堆码和拆垛等工作；对火车和汽车进行装卸作业；在库场上进行起重、搬运、堆码、拆垛等工作。通常情况下，港口机械可以分为四大类：起重机械、输送机械、装卸搬运机械、专用机械。对于一些比较专业化的码头来说，通常情况下都设有专门的装卸机械，如煤炭装船码头设有装船机，散粮卸船码头设有吸粮机，集装箱码头前方设有集装箱装卸桥，后方设有跨运车、重型叉车等等。在港口经常见到的比较典型的机械有门式起重机（简称门吊、门机）、带式输送机、浮式起重机（简称起重船、浮吊）、带斗提升机、装卸桥、叉式装卸车（简称叉车、铲车，又称万能装卸机）等。

港口辅助生产设施

为了使各项工作能够顺利地进行，港口还需要在陆域上配备一些辅助设施，如给水、排水系统，输电、配电系统，工作船基地，船舶修理站，燃料供应站，各种办公用房等设施。由上可以看出，港口的设施非常庞大，如果从生产作业上来说，可归纳为四大部分：即船舶航行作业、装卸作业、货物存储和集疏运。船舶航行作业部分包括港内外航道、锚地、港池和船舶回转水域，还有为安全航行的通讯、导航设施；装卸作业部分主要包括码头、水上装卸锚地，以及各种装卸设备；货物存储部分则主要包括陆域上的仓库和堆场，还有库场上的机械设备。对于一些可以运输旅客的港口，在陆域上还要特别注意对客运站等设施的建设；集疏运部分除了水路以外，铁路和公路就是最主要的了。

◎港口物流

港口物流主要指的是一些中心港口城市利用其自身的口岸优势，以先

进的软硬件环境为依托，用来对港口四周的物流活动进行辐射，可以突出港口集货、存货、配货特长，以临港产业为基础，以信息技术为支撑，以优化港口资源整合为目标，发展具有涵盖物流产业链的所有环节特点的港口综合服务体系。港口物流是一个特殊形态下的综合物流体系，在物流过程中，是一个不可替代的重要环节，整个供应链物流系统中的基本物流服务和所延伸出来的一些增值服务，都是由它来完成的。

※ 港口物流

世界港口的发展大致经历了三代。第一代港口的功能是纯粹的"运输中心"，主要是提供船舶的停靠、海运货物的装卸、转运和仓储等；第二代港口的功能变为"运输中心＋服务中心"，在除了提供货物的装卸、仓储等之外，同时还增加了工业和商业活动，使港口具有货物的增值功能；第三代港口的功能发展成为了"国际物流中心"，不仅是海运的必经通道，在国际贸易中依然保持着有形商品的强大集散功能，且除了对有形商品的集散效率进一步提高以外，还具有集有形商品、信息、资本、技术的集散于一体的物流功能。目前，第二代港口仍然是世界主要港口发展的主流，但随着信息的网络化、经济的全球化、市场的国际化发展，一些大型的港口已经开向第三代港口迈进。

港口物流在发展的过程中，其发展轨迹是一个由成本理念到利润理念再到综合物流服务理念的过程。成本理念追求的是物流总成本的降低，利润理念追求的是最大利润的获取，而综合物流服务理念不仅追求商品自然流通的效率和费用，而且还要对客户的服务意识进行强化，切实对经营和管理的方式进行转换，根据现代物流的要求进行整合，以客户为中心进行管理和控制，从而提供一流、完善的物流服务。

◎港口技术特征

主要有港口水深、码头泊位数、码头线长度、港口陆域高程等。

◎港口水深

港口水深是港口的重要标志之一。它主要表明的是港口条件和可供船舶使用的基本界限。如果水深增大，则可以使更大的船舶吃到水，但这需要增加挖泥量，增加港口水工建筑物的造价和维护费用。在船舶行驶和停泊安全有保证的前提下，港口各处的水深可根据使用要求分别确定，没有必要都相同。对有潮港，当进港航道挖泥量过大时，可考虑船舶乘潮进出港。现代港口供大型干货海轮停靠的码头水深10～15米，大型油轮码头10～20米。

◎码头泊位数

码头的泊位数主要是根据货种进行分别确定。除供装卸货物和上下旅客所需泊位外，在港内还要有辅助船舶和修船码头泊位。

◎码头线长度

根据可能同时在码头停靠的船长和船舶间的安全间距确定。

◎港口设备

港内陆上设备包括间歇作业的装卸机械设备、连续作业的装卸机械设备、供电照明设备、通讯设备、给水排水设备、防火设备等。港内陆上运输机械设备包括火车、载重汽车、自行式搬运车及管道输送设备等。水上装卸运输机械设备包括起重船、拖轮、驳船及其他港口作业船、水下输送管道等。

◎港口陆域高程

港口的陆域高程主要是根据设计高水位加超高值确定，要求在高水位时不能淹没港区。为降低工程造价，确定港区陆域高程时，应尽量考虑港区挖、填方量的平衡。港区扩建或改建时，码头前沿的高程要与原港区后方陆域的高程相适应，以方便道路和铁路车辆的运行。通常情况下，在同一个作业区的每个码头都采用同一高程。

◎全国十大港口排行

上海港

上海港是最具国际化竞争力的港口。

上海港名列第一名。在十三项指标中，上海港十一项指标排名第一，一项排名第二，上海港的区位指标是唯一的劣势。一直以来，上海港都是保持着强有力的发展势头，与上海市以及长江三角洲的发展建立了紧密的联系。临港工业的互动以及在国际航运中心建设的推动下，外资、外贸、外商和国际航线都是上海港强有力的竞争优势，现在上海港正在快速地与成熟的国际性港口接轨。

※ 上海港

深圳港

深圳港是最具效益竞争力的港口。

深圳港排在第二名。在十三项指标中，深圳港两项指标排名第一，两项指标排名第二，六项指标排名第三，深圳港的货物吞吐量是竞争力中最不占优势的一项，但是这一劣势恰好被深圳港强大的集装箱吞吐量所弥补。深圳港作为珠江三角洲的龙头型港口，在近几年的发展里，主要是以珠江三角洲和香港为依托，逐步将深圳港建设成为效益型港口，在单箱成本、单吊成本、单箱收费、效率和利润等方面形成核心竞争力。

※ 深圳港

青岛港

青岛港是最具创新竞争力的港口。

青岛港排名第三。十三项指标中，青岛港三项指标排名第二，三项指标排名第三，两项指标排名第四名，三项指标排名第五，两项指标排名第六，但是其综合和个别竞争能力却都很突出。青岛港人依靠其所特有的创新精神，充分发挥其

※ 青岛港

电子化优势，利用山东省作为强大经济腹地，为提高青岛港的竞争力打下了坚实的基础。青岛港的港口呈现出大型化、深水化、专业化和信息化。青岛港最主要的竞争优势就是研发创新，走差异化的发展道路。

宁波港

宁波港是最具民营化竞争力的港口。

宁波港名列第四名。十三项指标中宁波港两项指标排名第二，两项指标排名第三，四项指标排名第四名，一项指标排名第五，四项指标排名第六。宁波港要想生活在上海港这个巨人的影子里是很困难的，顽强地开展集装箱生产。宁波港利用自身优势，冲破各种阻力，并借助民营资本，已成为上海国际航运中心建设的

※ 宁波港

一部分。宁波港还对战略目标积极调整，并与舟山港强强联手，建设"宁波——舟山"一体化工程。宁波港所具有信息灵、转向快、效率高的特点，都是其民营经济所赐予的。

广州港

广州港是最具进取型竞争力的港口。

广州港排名第五。在十三项指标中，广州港两项指标排名第二，两项指标排名第三，三项指标排名第四名，两项指标排名第五，两项指标排名第六，两项指标排名倒数三位。尽管深圳港现在处于珠三角第一的位置，广州港处于上挤下压的位置，但该港并没有因此而停滞不前。其航线数和船舶靠泊艘次的优势弥补了港口其他方面的不足，特别是广州港港口的投资额相对来说是比较少的，保持货物吞吐量的竞争优势可以出现差异化的结果。

天津港

天津港是最具政府支持型竞争力的港口。

天津港名列第六名。十三项指标中，天津港仅有一项指标排名进前三，两项指标排名第四名，分别有三项指标排名第六和第七名，两项指标排在后两位。2008 年北京奥运会的申办成功，为它的发展增添了不少活

力；地处京津塘发达经济区的门户港口，为其源源不断的进出港货物提供了强大的货源。丰富的人力资源，特别是那些来自中南海的人力资源，让其竞争力一直保持着向上的态势，而周边的港口却无力竞争。

厦门港

厦门港是台湾型港口。

厦门港名列第七名，在十三项指标的排名当中，厦门港有五项指标排名第七名，和最终排名比较靠近，除此之外，厦门港有三项指标进入前五名，两项指标排名第六、两项指标排名第八名、一项指标排名最后。厦门港与宝岛台湾的关系十分密切，是大陆和台湾岛开展三通的必经之地，在特定的

※ 厦门港

时期，经济会让位于政治，政治又促进经济的增长。厦门港的发展是台湾海峡两岸经济的晴雨表。

大连港

大连港是最具保守型的港口。

大连港名列第八名，综合十三项指标中，大连港仅有两项指标进入前两位，其他主要指标排名靠后。尽管大连港在2003年到2006年里进行了大幅度的投资，但却没有多大的成效。大连港最明显的特点是观念的落后和行为的保守。大连市在过去10年里曾提出不同的发展战略。从"不求最大、但

※ 大连港

求最佳"到"大大连"又到现在的"海上大连"。由于大连市政府政策的不确定性使得大连港不知道该何去何从。从大连港老港区搬迁到大窑湾，又到现在的长兴岛开发。政策的不稳定性是大连港发展的硬伤，非理性和非科学化

规划大连港建设是大连港的软肋。曾经影响最大的东北亚航运中心现在似乎没有了音讯。总的来说，大连港落伍最重要的原因就是保守和迷茫。

连云港

连云港是爆发式增长。连云港港排名第九名。连云港港口总资产名列最后，而港口的利润额却排名第七。连云港在氧化铝、铝锭出口、胶合板、煤炭、焦炭等产品的进口和粮食等产品的装卸拥有绝对优势。2005引起吞吐量井喷式的增长，2006年上半年仍保持其增幅。

营口港

营口港是最具竞争力潜力的港口。营口港名列第十名。营口港由名不见经传的河口小港转向临海港口，自1995年到2006年上半年，每年都保持着高速度的发展，发展速度高于辽宁省和全国平均速度。无论从港口产权结构，区位优势还是竞争战略，营口港的发展潜力都是非常大的，其竞争实力是不可忽视的。

◎码头

码头是海边、江河边专供乘客上下、货物装卸的建筑物，又被称为渡头，是一条由岸边伸往水中的长堤，也可能只是一排由岸上伸入水中的楼梯，大多数是人造的土木工程建筑物，也可能是天然形成的。码头是港口的主要组成部分。

码头按其平面布置可以分为：顺岸式、突堤式、墩式等。墩式码头又分为与岸用引桥连系的孤立墩或用联桥连系的连续墩；突堤码头又分窄突堤（突堤是一个整体结构）和宽突堤（两侧为码头结构，当中用填土构成码头地面）。按断面形式可以将码头分为：直立式、斜坡式、半直立式和半斜坡式。按结构形式可以分为：重力式、板桩式、高桩式、斜坡式、墩柱式和浮码头式等。按用途可以分为：一般件杂货码头、客运码头、专用码头（渔码头、油码头、煤码头、矿石码头、集装箱码头等）、供港内工作船使用的工作船码头以及为修船和造船工作而专设的修船码头、舾装码头。

在水陆交通发达的商业城市中可以经常见到码头。人类利用码头作为渡轮泊岸上落乘客及货物之用，同时它还可能是吸引游人，约会集合的地标。在码头常见的有邮轮、渡轮、货柜船、仓库、海关、浮桥、海鸥、鱼市场、海滨长廊、车站、餐厅、或者商场等。

码头使用最广泛的就是直立式码头，便于船舶停靠和机械直接开到码

头前沿，以提高装卸效率。内河水位差大的地区也可采用斜坡式码头，斜坡道的前方设有趸船作码头使用，这种码头由于装卸环节多，机械难于靠近码头前沿，装卸效率低。在水位差较小的河流、湖泊中和受天然或人工掩护的海港港池内也是可以使用浮码头的，借助活动引桥把趸船与岸连接起来，这种码头一般用做客运码头、卸鱼码头、轮渡码头以及其他辅助码头。

码头岸线

码头岸线就是码头建筑物靠船一侧的竖向平面与水平面的交线，即停靠船舶的沿岸长度。构成码头岸线的水工建筑物叫码头建筑物。根据船舶吃水深度和使用性质等的不同，一般可以将码头岸线分为深水岸线、浅水岸线和辅助作业岸线等。港口规模的重要标志就是港口各类码头岸线的总长度，这说明它可以同时靠码头作业的船舶数量。它也是决定码头平面位置和高程的重要基线。

前沿作业地带

前沿作业地带主要是指从码头线至第一排仓库（或堆场）的前缘线之间的场地。它是货物装卸、转运和临时堆存的场所。在此场地，一般都设立有装卸、运输设备；有供流动的机械，运输车辆操作运行的地带；有的还提供直接作业的铁路轨道。前沿作业地带的宽度没有统一的标准，主要根据码头作业性质，码头前的设备装卸工艺流程等因素确定。我国沿海港口、件杂货码头前沿作业地带的宽度在 25 米到 40 米之间。前沿作业地带一般都是使用混凝土、钢筋混凝土块体和块石进行对面层铺砌，以便满足运输机械的行走和场地操作等要求。

结构形式

码头的结构形式主要是根据使用要求、自然条件和施工条件等综合考虑确定。主要有重力式、板桩式和高桩式三种形式。

重力式码头：它的结构整体性比较好，靠建筑物自重和结构范围的填料重量保持稳定，坚固耐用，损坏后易于修复，有整体砌筑式和预制装配式，适用于较好的地基。

板桩码头：由板桩墙和锚碇设施组成，并借助板桩和锚碇设施承受地面使用荷载和墙后填土产生的侧压力。板桩码头结构简单，施工速度快，除特别坚硬或过于软弱的地基外，均可采用，但结构整体性和耐久性较差。

高桩码头：是由基桩和上部结构组成，桩的下部打入土中，上部则高出水面，上部结构有梁板式、无梁大板式、框架式和承台式等。高桩码头是一种透空结构，波浪和水流都可以在码头平面以下通过，对波浪不发生反射，不影响泄洪，并可减少淤积，适用于软土地基。近年来随着码头的发展，都是广泛的采用长桩、大跨结构，一些断面较小的桩将被大型预应力混凝土管柱或钢管柱所代替，从而开成管柱码头。

◎工业码头

工业码头主要指的是在装卸货场所（如制造型企业，物流仓储企业，配送中心等）修建高起的装卸货平台（码头），借助这个平台来解决运输车辆与地面的垂直落差，为了解决固定的平台与车辆之间高度落差与间隙的微调，平台上通常会安装平台高度调节板。

至此，搬运叉车能够安全、快速地进出运输车辆进行装卸货作业。作为平台与运输车辆之间连接浮桥作用的高度调节板已成为现代工业码头的必要设备。

◎船舶设备

航舶为了从事正常的营运，除安装推进主机外，还必须具备其他各种设备。对于一般运输船舶来说，其主要设备包括舵设备、锚设备、系泊设备、起货设备、救生设备等。

舵设备

舵设备主要是用来控制船舶方向的一种装置。它主要由舵、舵机、传动装置及操纵装置等部分组成。驾驶人员操纵舵轮或手柄，或由自动舵发出信号，通过传动装置带动舵机，由舵机带动舵的转动来控制船舶方向，使船舶保持航向或回转。舵在设计的时候，所遵循的原则就是使舵产生的转船力矩最大，而转舵所需的力矩最小。通常舵都是在船艉螺旋桨后装置，离船舶的转动中心比较远，使舵产生转船力矩的力臂最大；而且也要使螺旋桨排出的水流作用于舵上，以便增加舵的效果。

舵的分类方法通常有两种：一是按舵面积在舵杆轴线两侧的分布，分为平衡舵、不平衡舵和半平衡舵；二是按照剖面形状进行分，可分为平板舵与流线型舵。由于流线型舵因舵效比较高而被广泛采用。对单螺旋桨船而言，舵的数量是一个，对双螺旋桨船而言，舵的数量就是两个。

锚设备

锚设备是船舶锚泊时所用的装置和机构的总称，由锚、锚链、锚链制

动装置、锚机和锚链舵等组成。锚主要是利用它在海底的抓力（一般为锚重的 4~5 倍）以及锚链与海底表面的摩擦力来推支船舶的，主要用于船舶在海上锚地固定船位，同时也可作为协助船舶制动、控制船身和掉头的辅助手段。平常所见到的锚可以分为有档锚、无档锚及大抓力锚。无档锚中的霍尔锚是商船最常用的锚。一般在船艏左右各布置一只锚，称为主锚。一些比较大的船舶还装有备锚和装在尾部的艉锚。锚链主要是由链环、卸扣、旋转链环和连接环组成。它主要是用来连接锚与船体，当锚链在海底时，也可增加固定船舶的拉力。链环的断面直径决定着锚链的大小。锚链的长度是以节为单位，每节为 27.5 米，一般左右舷锚链各为 12 节。锚机主要是在收锚或缓慢放锚时使用。目前，在商船上采用的是卧式锚机，同时在两边通常还带动两个系缆绞盘，主要是用来收绞系缆用。

系泊设备

船舶的主要停泊方式是系泊，系泊设备就是用分布在舷侧的缆绳将船舶固定于码头、浮筒、船坞或邻船用的设备，它主要包括系缆索、带缆桩、导缆器、绞缆机卷缆车和系缆机械。一些比较先进的船上的卷缆车本身就有动力，主要用于收绞缆绳。缆绳有钢丝绳、尼龙缆与棕绳，尼龙缆是目前用得最多的一种。

起货设备

起货设备主要包括吊杆装置、甲板起重机和其他装卸机械，它是船舶自备的、用于装卸货物的装置和机械。比如液货是用输送泵与管路，散货用传送带或抓斗，件货则用吊杆或吊车。吊杆或起重吊车，由吊杆、起重柱（或桅）、起货机、钢丝绳、滑车、吊钩等组成。吊杆的负荷一般不超过10 吨，重吊杆负荷最大几百吨。起重吊车，就是将起货设备与起货机械合为一体。船上现在使用的一般都是单臂吊车，通常在船艏艉线上布置，也有的是全部都在船舷一侧布置。负荷小的为几十吨，大的可达 500 吨。

救生设备

救生设备主要是装在船上供船舶失事时船上人员自救和营救落水人员的一种设备。最常用的救生设备有救生艇、救生筏、救生圈和救生衣等。另外，为了保证船舶的航行安全，还配备了消防和堵漏设备。

水路交通安全

Shui Lu Jiao Tong An Quan

水路交通运输的安全是不容忽视的，水路运输对我国的发展起着不可估量的作用，而且其安全管理工作的涉及面也非常的广，决不能掉以轻心，一旦发生交通事故，除制约水路运输的发展、行业管理的进步、最严重的就是对社会、经济的发展造成一定的影响。大家要给予高度的重视。

◎领导班子是水路运输安全发展的关键

由于水路运输安全工作涉及的范围广、影响大、社会性强，所以各级人民政府作为行业的主管部门，最重要的就是要重点研究协调解决水运安全工作中存在的主要问题、主要矛盾，及时通报及消除安全隐患，不断完善交通安全制度，提高安全意识，每年至少要召开一次水路运输安全管理工作会议，宣传安全知识。安全生产管理工作要由主要领导全面负责建立，分管领导也要在其所分管范围内负相应的责任，按照谁主管谁负责的原则，把安全管理的工作具体的落实到位。

◎队伍建设是搞好安全工作的根本

如果要搞好水路运输安全工作，良好的队伍建设是根本，政府一定要加强工作人员的思想政治教育工作，不定期的开展全心全意为人民服务的职业道德教育，努力提高队伍的业务素质和管理水平；组织安全管理人员参加培训或考察，不断完善各项操作规程，学习安全管理的先进经验，编写安全基础管理表；研究制定针对性强的应急措施，加强对应急设备、应急管理指挥系统的建设，定期开展应急救援演练，全面提高应急管理处理水平，造就一支具有凝聚力、战斗力的安全护卫队。

◎健全的制度是水路运输安全的基础

健全的管理制度，是每个行业安全快速发展的基础。对于水路运输工作来说，同样也是非常重要的。要重点抓好组织落实、制度落实和责任落

实，建立安全管理体制、网络，制订各种安全应急措施，贯彻落实《安全生产法》，严格制定奖惩制度。而对于那些在一线工作的人员，凡是安全工作都落实到位的、也没有出现责任事故的单位或个人，要给予一定的物质和精神奖励；而对那些由于疏忽、人为原因造成安全事故的单位或个人，则实行一票否决；要求水运企业及单船建立安全管理机构，形成管理网络化、信息化，制定联系通讯录，发生情况立即报告上级和救援单位，第一时间赶到现场，尽量让事故损失降到最低。一定要让企业担负起安全管理的责任，每月要定期召开安全会议，并建立安全会议制度，对于上级的一些水运方针、政策，我们要认真学习，总结安全情况，分析安全形势，要从最根本的方面出发，并要求各水运企业和船舶在安全制度上必须下足功夫落实，为水路运输工作的安全发展打下坚实而良好的基础。

◎加强监督检查是搞好水路运输安全工作的保障

在做监督检查工作时，一定要严格按照交通部的统一标准进行，对辖区内从事水路运输的企业进行资质评估，严格审核企业的安全体系以及其从业人员是不是有上岗操作的基本资质，确保每个企业的安全生产都有安全体系、有制度、有岗位，而且确保管理安全的领导和人员都具备相应业务水平，这样才可以提升企业自身安全生产的能力。对于那些资质不合格、安全生产体系达不到标准的船舶，不给予发放《船舶营业运输证》，要坚决打击"三无"船舶进入水运，维护水运市场，保护正当人的合法权益；同时，对于那些超载现象，也要严格的控制。关于旅客运输方面，我们要落实"以人为本，预防为主"方针，结合辖区实际情况，制定《水路客运管理职责》《乘客须知》《安全须知》等规章制度，加大安全工作的教育宣传力度，加强宣传工作，大力普及交通安全法律法规和安全知识，并开展多种多样的教育宣传活动。

▶知识窗

·航海条例·

英国历史上关于航海贸易的一系列立法，最初的目的是为了鼓励发展英国的航海事业和海外贸易。1381年，理查二世颁布英国最早的航海条例，1485年和1540年又陆续订立。1651年，英吉利共和国政府针对当时英国海上贸易的主要竞争对手荷兰颁布的航海条例规定，凡从欧洲运往英国的货物，必须由英国船只或商品生产国的船只运送；凡从亚洲、非洲、美洲运往英国或爱尔兰以及英国各殖民地的货物，必须由英国船只或英属殖民地的船只运送。英国各港口的渔业进出口货物以及英国国境沿海贸易的货物，完全由英国船只运送。这些规定排挤了

荷兰在国际贸易中的作用，危及荷兰的海上利益，导致 1652 年的第一次英荷战争。荷兰战败，被迫承认这一条例。1661 年颁布的航海条例重申 1651 年航海条例的主要内容，规定某些产品只能运送到英国和爱尔兰或英国其他殖民地。1665年爆发第二次英荷战争，英国战败，航海条例稍有放宽。1651 年以后颁布的航海条例是为了垄断英国和殖民地的贸易，维持英国殖民地对英国的依赖，限制殖民地的经济发展。1672 年和 1692 年英国政府又先后颁布航海条例。随着英国工业革命的完成，英国开始实行自由贸易政策。到 1849 年废除大部分航海条例。1854年，外国的商船被准许从事英国沿海的贸易。至此，航海条例所规定的限制完全取消。

| 拓展思考 |

1. 港口如何提高自身的竞争力？
2. 为什么要查询海运港口代码？
3. 港口之间存在哪些竞争？
4. 主要的航海仪器有哪些？

航

空 交 通 知 识

第四章

　　航空运输是一种新的交通运输类别，到现在已有百余年的历史了。它主要是在航空承运人与消费者之间进行的一种服务交换活动。航空运输的产品主要表现为生产过程在流通过程中的延续，产品形态是运输对象的在空间上的位移，通过航空运输使用人的购买完成其商品属性。

航空交通概述

Hang Kong Jiao Tong Gai Shu

航空运输是国际贸易中的精密仪器、贵重物品和鲜活货物运输不可缺少的工具。它主要是用飞机、直升机及其他航空器运送人员、货物、邮件的一种运输方式，是现代旅客运输，特别是那些远程旅客运输的一种重要方式。

◎分类

从航空运输的性质看，可以分为两大类：国内航空运输和国际航空运输。

国内航空运输：主要指的是根据当事人订立的航空运输合同，运输的出发地点约定的经停地点和目的地点都是在中华人民共和国境内的运输。旅客在座位定好以后，凭该定好座位的客票乘机，不定期的客票应在向承运人定好座位后才能使用。已经定好的座位，旅客应在承运人规定或预先约定的时间内购买客票。如果没有在规定的时间内购票，所定的座位就会被取消。

国际航空运输：指的则是根据当事人订立的航空运输合同，无论运输有没有间断或者有没有转运，运输的出发地点、目的地点或者约定的经停地点之一都不在中华人民共和国境内的运输。

从航空运输的对象出发，可分为航空旅客运输、航空旅客行李运输和航空货物运输三大类。但航空旅客行李运输是比较特殊的，它既可附属于航空旅客运输中，也可以看作是一个独立的运输过程。航空邮件运输是特殊的航空货物运，一般情况下都是优先运输的，受《邮政法》及相关行政法规、部门规章等调适，不受《民航法》相关条文规范。

包机运输：主要指的是航空公司按照约定的条件和费率，将整架飞机租给一个或若干个包机人，从一个或几个航空站装运货物至指定的目的地。

包机运输方式可分为两种形式：整架包机和部分包机。

◎整架包机

就是包租整架飞机，是指航空公司按照与租机人事先约定的条件及费用，将整架飞机租给包机人，从一个或几个航空港装运货物到目的地。

一般包机都要在装运货物的前一个月与航空公司联系，以便航空公司来安排运载情况和向起降机场及有关政府部门申请、办理过境或入境的有关手续。

包机的费用：一次一议，主要是随着国际市场供求情况而有所变化。但原则上的包机运费，是按每一飞行千米固定费率核收费用，并按每一飞行千米费用的80％收取空放费。因此，对于那些大批量货物要使用包机的时候，都要争取来回程都有货载，这样费用会低一些。如果只有单程使用，则运费就会较高。

整架包机的优点：

(1) 减少货损、货差或丢失的现象；

(2) 在空运旺季缓解航班紧张状况；

(3) 弥补没有直达航班的不足，且不用中转；

(4) 解决海鲜、活动物的运输问题；

(5) 解决班机仓位不足的矛盾；

(6) 货物全部由包机运出，节省时间和多次发货的手续。

◎部分包机

部分包机就是由几家航空货运公司或发货人联合包租一架飞机或者由航空公司把一架飞机的舱位分别卖给几家航空货运公司装载货物。它主要是用于那些托运不足一整架飞机舱仿，可是货量又很重的货物运输。

部分包机与班机运输的比较：

(1) 部分包机的时间要比班机长，虽然部分包机有固定的时间表，但往往会因为其他一些原因不能够按时起飞。

(2) 各国政府为了本国航空公司的利益，常常对从事包机业务的外国航空公司实行各种限制。如包机的活动范围比较狭窄，降落地点受到限制。如果要降落到所指定的地点外的其他地点，一定要向当地政府有关部门申请，同意后才能降落（如申请入境、通过领空和降落地点）。

◎特点

服务性：航空运输业是第三产业，是服务性行业。它是以服务手段和服务态度来反映服务的质量。这一属性决定了承运人必须不断扩大运力满足社会上日益增长的产品需求，遵循"旅客第一，用户至上"的原则，为产品使用人提供安全、便捷、舒适、正点的优质服务。

国际性：航空运输现在已成为社会最重要的运输形式，已经成为国际间政治往来和经济合作的纽带，既包括国际间的友好合作，也包含着国际间的激烈竞争，在服务，运价、技术标准、经营管理和法律法规的制订实施等方面，都要受国际统一标准的制约和国际航空运输市场的影响。

商品性：航空运输所提供的产品是一种特殊形态的产品——"空间位移"，其产品形态是改变航空运输对象在空间上的位移，航空运输产品的商品属性是通过产品使用人在航空运输市场的购买行为实现的。

资金、技术、风险密集性：航空运输业的投入是非常高的，无论是运输工具，还是其他运输设备，价格都非常昂贵，成本也是巨大的。所以它的运营成本非常高。航空运输业由于技术要求高，设备操作复杂，各部门间互相依赖程度高，因此在运营过程中风险也是比较大的。任何一个国家的政府和组织都没有足够的能力和财力，像贴补城市公共交通一样去补贴本国的航空运输业。所以，世界各国都认为航空运输业并不是社会公益事业，而是必须以盈利为目标才能保证它的正常运营和发展。

准军事性：最初人类的航空活动是投入军事领域的，到后来才转为民用。现代战争中制空权的掌握是取得战争主动地位的重要因素。因此很多国家在法律中规定，航空运输企业所拥有的机群和相关人员在平时服务于国民经济建设，作为军事后备的力量，在战时或紧急状态时，民用航空就可依照法定程序被国家使用，以满足军事上的需求。

自然垄断性：主要是因为航空运输业所投入的资金巨大，而技术、风险和资金又高度密集，投资回收的周期比较长，对航空运输主体资格限制较严，进入市场的门槛也比较高，再加上历史的原因，这就使得航空运输业在发展过程中形成自然垄断。

优点：运行速度快，一般都在800～900千米/小时；机动性能好；基建成本低。

缺点：受天气的状况限制非常大；运输成本高，运价昂贵；飞机造价高、能耗大。

航空交通工具

Hang Kong Jiao Tong Gong Ju

飞机是航空运输中最重要的交通工具。

自从飞机发明以来，就成为人们不可缺少的交通工具。它主要是一种由固定翼产生升力，由推进装置产生推（拉）力，在大气层中飞行的重于空气的航空器。

※ 飞机

◎分类

按飞机的使用用途可以分为民用飞机和军事飞机。

民用飞机又可分为航线飞机和通用航空飞机。

军事飞机可分为战斗机、攻击机、截击机、轰炸机、预警机、反潜机和侦察机等。

◎飞机的原理

由于飞机比空气重，所以当飞机在空中飞行时，就会产生作用于飞机的空气动力。飞机就是靠这种空气动力升空飞行的。

※ 民用飞机

飞机的升力一大部分都是由机翼产生，尾翼通常产生的是负升力，飞机其他部分产生的升力很小，一般都不予以考虑。空气流到机翼前缘，分成上、下两股气流，分别沿机翼上、下表面流过，在机翼后缘重新汇合向后流去。机翼上表面比较凸出，流管较细，说明流速加快，压力降低。而在机翼的下表面，气流受阻挡作用，流管变粗，流速减慢，压力增大。这里我们就引用到了上述两个定理。于是在机翼的上、下表面出现了压力差，垂直于相对气流方向的压力差的总和就是机翼的升力。这样重于空气的飞机借助机翼上获得的升力克服自身因地球引力形成的重力，从而就可以飞翔在天上了。

◎飞机的机型

在美国空军飞机种类中，攻击机的字母缩写为A，轰炸机的字母缩写为B，运输机的字母缩写为C，电子战机的字母缩写为E，战斗机的字母缩写为F，直升机的字母缩写为H，教练机的字母缩写为T，活塞式飞机字母缩写一般为P，侦察机字母缩写为R，超级飞机缩写为SR，杂物机是U，试验机是X和Y。

※ 轰炸机

※ 攻击机

航空交通设施

Hang Kong Jiao Tong She Shi

机场、航路和机队构成了整个航空运输网络。机场是航空运输网络中的一个重要节点，是航空运输的起点、终点和经停点。机场可实现运输方式的转换，是空中运输和地面运输的转接点，所以机场又被称为航空站。

※ 机场

◎机场的分类

按航线性质分，可以将其分为国际航线机场（国际机场）和国内航线机场；

按机场在民航运输网络中所起作用划分，可分为枢纽机场、干线机场和支线机场；

按机场所在城市的性质、地位划分，可分为I类机场、II类机场、III类机场和IV类机场；

按旅客乘机目的分，可分为始发/终程机场、经停（过境）机场和中转（转机）机场；

按服务对象机场可分为军用机场、民用机场和军民合用机场。

◎机场的构成

机场主要是供飞机起飞、着陆、停驻、维护、补充营养及组织飞行保障活动所用的场所。机场主要有飞行区、航站区及进出机场的地面交通系统构成。

飞行区：主要是机场内用于飞机起飞、滑行和着陆的区域。通常还包括用于飞机起降的空域在内。飞行区由跑道系统、滑行道系统和机场净空区构成。相应设施有：目视助航设施、通信导航设施、空中交通管制设施以及航空气象设施。

航站区：它是飞行区与机场其他部分的交接部。航站区包括：旅客航站楼、站坪（停机坪）、车道边、站前停车设施（停车场或停车楼）等。

进出机场的地面交通系统：通常情况下说的是公路，但也包括铁路、地铁（或轻轨）和水运码头等。它的主要功能是用来连接机场和附近的城市，将旅客和货邮及时运进或运出航站楼。进出机场的地面交通系统的状况对空运业务有着直接的影响。

一般可将机场分为空侧和陆侧两部分。

空侧：（又称对空面或向空面）是受机场当局控制的区域，包括飞行区、站坪及相邻地区和建筑物，凡是进入该区域都是要受到控制的。

陆侧：是为航空运输提供各种服务的区域，公众可以自由地进出这里。

民航机场与其他交通运输站相比有一些不同，如占地面积大、位置选择要求高，而且还包括相应的空域。机场必须要有足够的面积容纳飞行区和航站区，同时要求平坦开阔。由于噪声影响以及为长远发展考虑，机场应适当远离城市市区。机场的位置选择不仅应满足占地面积的要求，还应考虑周围地势、海拔高度、气象（尤其是风向）、相邻机场距离和方位、附近居民区和工业区状况、陆上客货运输工具进出机场的方便程度等。对净空区域的要求是机场特有的，是飞机安全和有序起降的基本条件。为此，在新建和迁建民航机场时，要对上述的要求进行考虑。

◎机场设备与设施

航站楼

航站楼（主要指旅客航站楼，即候机楼）是航站区的主体建筑物。航站楼的设计，不仅要考虑到它的功能，还要考虑周围的环境、艺术氛围及民族（或地方）风格等。

航站楼分为两侧，一侧是与机坪连着，另一侧与地面的交通系统连着。旅客、行李及货邮都是在航站楼内办理各种手续，并进行必要的检查以实现运输方式的转换。

旅客航站楼的基本设施应包括：（1）车道边；（2）公共大厅；（3）候机大厅；（4）登机桥；（5）行李处理设施（行李分检系统和行李提取系统）；（6）安全检查设施；（7）机械化代步设施（人行步道、自动扶梯等）；（8）政府联检机构；（9）旅客信息服务设施等。

旅客航站楼的基本功能就是为旅客和行李的流程进行安排，为其改变运输方式提供各种设施和服务，使航空运输安全有序。

在一些大型机场的旅客航站楼还专门设有特许商业经营和服务设施。所以，航站楼不仅是民航的营运中心，而且还是商业中心。在旅客航站楼内，还设有机场和航空公司的办公机构和特许经营部门。

※ 航站楼

目视助航设施

机场在跑道、滑行道、停机坪及相关区域内设置目视助航设施主要是为了满足驾驶员的目视要求，保证飞机的安全起飞、着陆、滑行。目视助航设施主要包括：指示标和信号设施、标志、灯光、标记牌和标志物。另外，还要设置表示障碍物及限制使用地区的目视助航设施。

地面活动引导和管制系统

地面活动引导和管制系统指的是由助航设备、设施和程序组成的一种系统。该系统的主要作用是对于在运行中出现的地面活动需求，机场可以安全地解决，具体也就是防止飞机与飞机、飞机与车辆、飞机与障碍物、车辆与障碍物以及车辆之间的碰撞等。

地面特种车辆和场务设备

为了使飞机能够在飞行区内正常地运行，机场应配备维护、检测设备（清扫车、吹雪车、推雪车、割草机、道面摩擦系数测试车等）以及驱鸟设备等。

机场场道

机场场道主要包括飞行区和停机坪。

飞行区

跑道：跑道是专门为飞机起飞、着陆、滑跑以及起飞滑跑前和着陆滑跑后运转所提供的场地。航空运输量的大小影响着跑道的数目。机场的关键参数之一就是跑道的长度，它与飞机的起降安全有着直接的关系。跑道长度的确定主要考虑飞机的起降质量与速度、机场所在环境、气象条件、跑道条件等因素。除此之外，为了保证飞机滑跑时的稳定性，跑道的道面应具有很好的平整度和摩擦特性。

滑行道：滑行道的主要功能是为跑道到航站区提供一条通道，使已着陆的飞机迅速离开跑道，不与起飞滑跑的飞机互相干扰，并尽量避免因延误而即将到来飞机着陆。同时，滑行道也提供了飞机由航站区进入跑道的通道。

机场净空：场址内外的地形和人工构筑物直接影响着机场能否安全有效的运行。飞机在机场起飞降落时，必须按照规定的起落航线飞行。这样，就必须对机场附近沿起降航线一定范围内的空域提出要求，也就是净空要求。这个空域也就被相应的称为机场净空区。在该区域内，不得有高障碍物和干扰导航信息的电磁环境。

停机坪

停机坪包括站坪、维修机坪、隔离机坪、等候机位机坪、等候起飞机坪等。在停机坪上设有机位，也就是供飞机停放的划定位置。航站楼空侧所设停机坪称作站坪，可供飞机滑行、停驻机位和旅客上下等。

※ 停机坪

通信设备

民航客机用于和地面电台或其他飞机进行联系的通信设备包括：高频通信系统（HF），甚高频通信系统（VHF），选择呼叫系统（SELCAL）。

高频通信系统（HF）

一般采用的是调幅制和单边带制这两种制式工作，以提供飞机在航路上长距离的空与地或空对空的通信。它是在短波波段内工作，频率范围一般为 2～30 兆赫兹。

甚高频通信系统（VHF）

一般是采用调幅方式工作，主要提供飞机与地面塔台、飞机与飞机之间近距离视线范围的话音通信。它是在超短波波段内工作，频率范围一般

为 113～135.975 兆赫兹。

选择呼叫系统 (SELCAL)

选择呼叫系统主要是指地面塔台通过高频或甚高频通信系统对指定飞机或一组飞机进行联系。当被呼叫飞机的选择呼叫系统收到地面的呼叫后，指示灯亮、钟响，告诉飞行员地面在呼叫本飞机。

监视设备

雷达是空中交通目前实施的主要监视设备，它是利用无线电波发现目标，并测定其位置的设备。

机场的其他设施还包括：供油设施、应急救援设施、动力与电信系统、环保设施、旅客服务设施、保安设施、货运区及航空公司区等。

航空交通管理

Hang Kong Jiao Tong Guan Li

◎航线的管理

航线也就是空中交通线，是飞机飞行的路线。航线确定了飞机飞行的具体方向、起讫点和经停的地点，并根据空中交通管制的需要，对其航线的宽度和飞行的高度进行了相关的规定，以维护空中的交通秩序，从而确保飞行的安全。

航线可以分为三大类：国际航线、国内航线和地区航线。

（1）国际航线：主要是指飞行的路线是连接两个国家或两个以上国家的航线。在国际航线上进行的运输是国际运输，如果一个航班的始发站、经停站、终点站有一站在外国领土上就叫做国际运输。

（2）国内航线：是在一个国家内部的航线，又可以分为干线、支线和地方航线三大类。

（3）地区航线：指的是在一国之内，各地区与有特殊地位地区之间的航线，如我国内地与港、澳、台地区的航线。

我们经常可以看到在天上一道道的飞机路线，实际上对它的高度、宽度、路线都进行了严格的规定，如果偏离这条安全通道，就有可能存在失去联络、迷航、与高山等障碍物相撞的危险。在确定飞机航线时，除了要考虑安全因素以外，还要考虑经济效益和社会效益的大小。通常情况下，安排航线时，都是以大城市为中心，在大城市之间建立干线航线，同时辅以支线航线，由大城市向周围的小城市进行辐射。

◎航空运价的管理

基本概念

货物的航空运费主要指的是将一票货物从始发地机场运输到目的地机场所应收取的航空运输费用，不包括其他费用。货物的航空运费主要由货物适用的运价与货物的计费重量这两个因素组成。

运价指的是承运人对所运输的每一重量单位货物（千克或磅）（kg or

lb）所收取的从始发地机场到目的地机场的航空费用，又称费率。货物的航空运价一般都是以运输始发地的本国货币公布。

计费重量：货物的计费重量或者是货物的实际毛重，或者是货物的体积重量，或者是较高重量分界点的重量。包括：①实际毛重：包括货物包装在内的货物重量。②体积重量：体积重量的折算，换算标准为每6 000立方厘米折合1千克。③计费重量：采用货物的实际毛重与货物的体积重量两者比较取高者；但当货物较高重量分界点的较低运价计算的航空运费较低时，则此较高重量分界点的货物起始重量作为货物的计费重量。

国际航协规定，国际货物的计费重量以0.5千克为最小单位，重量尾数不足0.5千克的，按0.5千克计算；0.5千克以上不足1千克的，按1千克计算。

最低运费：货物按其适用的航空运价与其计费重量计算所得的航空运费，应与货物最低运费相比，取高者。

航空运价种类

目前国际航空货物运价按制定的途径划分，主要分为协议运价和国际航协运价。

协议运价：是航空公司与托运人通货签订协议而制定的。

国际航协运价：指的是IATA在TACT运价资料上公布的运价。国际货物运价使用IATA的运价手册（TACT RATES BOOK），结合并遵守国际货物运输规则（TACT RULES）共同使用。按照IATA货物运价公布的形式划分，国际货物运价可分为公布直达运价和非公布直达运价。

公布直达运价包括普通货物运价（General Cargo Rate）、指定商品运价（Specific Commodity Rate）、等级货物运价（Commodity Classification Rate）、集装货物运价（Unit load Device Rate）。

非公布直达运价包括比例运价和分段相加运价。

航空运价体系

（1）等级货物运价（运价代号S）。

（2）普通货物运价（运价代号N或Q）。普通货物运价包括基础运价和重量分界点运价。基础运价为45千克以下普通货物运价，费率按照民航总局规定的统一费率执行。重量分界点运价为45千克以上运价，由民航总局统一规定，按标准运价的80%执行。

（3）最低运费（运价代号M）。

（4）指定商品运价（运价代号 C）。

◎空域的管理

空域管理是由国家实行的统一管理。空域是国家最重要的资源。所谓的空域就是航空器飞行的空间。我国民航将全国空域划分为 9 个飞行情报区，26 个高空管制区，37 个中低空管制区及 3 个进近管制区和100 多个机场飞行指挥区。国务院、中央军委拟改革全国空中交通管制体制。第一步已完成京穗深和京沪航路移交民航管制指挥的试点；第二步在总结京穗深等航路管制指挥移交试点的基础上，按照国际民航组织的标准，划分空域，分期分批将全国航路（线）交由民航管制指挥；第三步实现空中交通由国家统一管制的目标，同时也要建立比较完善的空中交通管制系统。

空中交通流量控制

为了使航路、机场区域内的航空器能够正常的运行，不出现超过规定限额的现象，必须对航空器的运行采取适当控制措施。它主要可以分为三种控制：（1）先期流量控制，是指在对航班班期的时刻表进行制定时和在飞行的前一天对非定期航班的飞机飞行的时刻安排时进行的限制和调整；（2）飞行前流量控制，是航空器在起飞前，对航空器起飞时间所采取的临时调整的办法，从而使航空器与航空器之间的飞行间隔符合管制的规定；（3）实时流量控制，是指航空器在飞行过程中，空中交通管制部门所采取的要求飞机在某地盘旋等待、改变飞行航线和飞行高度、调整飞行速度等措施，使航空器之间的横向、侧向和高度间隔符合规定标准，从而使航空器安全、有秩序地运行。

航空旅客运输管理

航空运输业的主要任务就是航空旅客运输。随着世界经济的快速发展和航空运力的不断提高，航空旅客的运量每年都在增长。随着航空运输规模的不断扩大，对服务质量的要求也是越来越高，生产过程也就变得越来越复杂。所以，对航空运输生产计划安排要求就要更加周密、组织实施要更加严格，这样才可以保障航空运输安全正点、优质高效。

航空运输的生产过程是很复杂的，它需要地面保障和空中服务等多方面工作的密切配合，通过各生产体系中有关部门的综合协调来共同完成。

航空运输生产体系

航空运输生产体系可以分为五个。各生产体系分别由民航系统的有关部门负责管理和协调。

机场保障：对于航空运输来说，机场是必备基地。机场保障为空中运输提供地面准备和为空中飞行提供跑道、灯光、特种车辆、旅客候机场所和相关服务措施，并提供安全检查和紧急救援服务。在国际机场，还设有边检、海关、检疫等派出机构，为国际航班旅客运输提供必要的服务。

油料供应：油料供应体系主要是为航空运输飞行提供航空燃油。在我国民航管理体制改革以后，民航系统成立了航油专业公司，负责航空运输必需的航空燃油的供应和管理。

航行业务管理：航行业务管理主要负责航行调度、通信导航、气象信息、航行情报以及空勤人员管理等工作，从而可以使航空运输有一个完整的空中飞行保障体系。

运输服务：民航运输各部门的工作，始终都是围绕着"安全正点、优质高效"这一宗旨，为运输生产服务。运输服务部门负责制定运输生产计划、组织客货运输、提供运输飞行、保证服务质量、开拓运输市场，以达到最佳经济效益。

机务维修：机务维修的主要任务是维护航空器的正常运行，实行对航空器、发动机、通信导航和驾驶控制等机械与电子电气设备的检测与维修，使航空器保持适航状态。

航空货物运输管理

航空货物运输生产的任务就是，承运人根据货运单上的航班要求和发运日期，并组织运力把货物运送到目的地。

航空货运的生产过程大致分为货物收集、进港、运送、到港和交货等阶段。从生产性质上来看，航空货物运输生产可以分为两部分，一部分是以货物收集为中心的货运市场组织和管理，另一部分是以货物运送为中心的货物进港、货物运送、货物出港和交付过程。

运输生产计划

航空运输生产计划是根据航空货运市场调查和预测，估算航空货物在各机场之间的流量和流向，确定本公司的市场目标和市场份额。在此基础上，再对货物运输生产的计划进行制定，主要包括运力计划、运输量计划、周转量计划、收入计划以及运输综合计划等。

货物进出港生产组织与管理

航空货物运输市场的销售部门接收的交运货物，一般都是在机场组织进港和出港时生产。有一大部分的航空公司委托机场进行进出港的组织和管理，一些大型的航空公司一般都是在基地机场自行组织货物进出港生产。

货物的进出港是一个组织很严密的生产过程，有严格的工序控制和定时要求，有严格的操作规范和重量指标，包括载重标准、舱位标准、安全标准等。货物进出沧涉及到的部门也比较多，需要统一组织、协调与密切合作。对于旅客航班的货运生产工序，要与客运同步进行，以保证航班正点。

吨位控制与配载

航空旅客运输的乘坐率主要是通过控制座位来实现的。对于座位的控制，考虑的只是客舱的可用座位数，整个客舱空间的占有费用都已在人客票中计入。如果要提高航空货物运输的载运率就需要通过控制吨位来实现。换句话说，货运不仅要考虑货物的体积，还要对货物的重量进行考虑。所以，要提高货舱的载运率，就得通过吨位控制，也就是通过舱位预订与分配来实现，这样可以避免吨位超售、浪费货物或过载装运。

由于航空货运可以采用全货机或客货混装型飞机运输，所以，对于吨位控制和配载管理的原则是不完全相同的。

全货机方式运输

如果采用的是全货机方式运输，则吨位控制和配载的过程就比较单一。主要控制货物体积（不能超高、超长）、形状（易于固定），不能超重。

客货混装方式运输

由于首先必须要考虑运送旅客，所以对于客货混装方式运输，货运吨位控制和配载要在保证客运的前提下才能进行。首先应该根据乘客的座位分布情况，按照飞机的配载要求，进行货物的重量和位置控制，在保证飞机飞行平稳安全的前提下充分提高飞机的载运率。

不管是航空货物运输，还是航空旅客运输，吨位控制与配载管理都是一件非常重要的工作。必须科学地严格按照飞机的性能指标进行控制，在保证飞机飞行安全的前提下，来充分提高其生产效率和经济效益。

航空交通安全

Hang Kong Jiao Tong An Quan

由于经济的飞速发展，科学技术也在不断地发展，新材料的大量使用，飞机已是高新科技的代表作，其自身的安全系数也在不断提高，而因为人为因素所造成的航空事故比例却一直在增加。据有关数据表明有近七成的事故是由人为原因导致的，成为制约航空安全的最大障碍。这一现象已经引起了业内专家的高度重视，于是逐渐探索出通过加强机组资源管理，从而有效降低人为因素的不安全隐患，以达到提高航空安全水平的目的。

航空安全主要包括人、机、环境三大环节，是一个系统工程。随着科技的不断发展，运行环境的不断完善，人为因素已成为制约航空安全水平的首要环节。

影响航空安全的三大基本人为因素。

◎法规因素

众所周知，没有规矩不成方圆，而航空法规则是从事航空运输行业人员所应遵守的行为规范。从刚开始的飞行学员到成熟的机长都要经历许多法规制度的培训，其中包括《飞行基本规则》《民航法》《公司运行手册》《安全管理手册》及各自驾驶机型的《使用手册》和《快速检查单》等。所有的这些都是为了保证航空人员在一定的环境和范围内，合法合理地行使权力、履行义务的行动指南。所有的法规都是根据民航发展的需要从实践中总结出来的宝贵经验，其中还有一些是从惨痛的教训中提炼出来的精华，作为一名职业的驾驶员必须充分学习并全面掌握，知道什么该做、什么不能做，而且也要知道该怎么做。

在熟知了各种法规的基础上，驾驶员更是要严格遵守规章制度，不要明知故犯。在过去的历史中有许多经验教训，如像不执行检查单导致机毁人亡，盲目蛮干致使国家和人民的生命财产遭受重大损失的事例非常多，也从侧面反映了制定和遵守法规制度的严肃性和必要性。

由于事物在不断地发展，仅仅做到熟知和严守法规制度还是远远不够的，法规制度只是过去行为的沉淀，相对于现在的新鲜事物就具有了滞后性，需要不断的完善和发展。正如《快速检查单》中所述：QRH 不可能涵盖所有的情况，也不能代替驾驶员根据掌握的知识而作出的良好判断，为了获得更高的安全性，驾驶员在特定的情况下可以也应该偏离已有的标准程序并对其行为负责。这就告诉了我们，在面对新情况时不应该局限于过去和现有的经验和法规，要勇于探索和进取，冲破旧有法规的约束而获得更高的安全性，这是事物发展的客观规律，也是法规制度发展和完善的必然过程。

◎技术因素

航空器是很多尖端科技综合而成的产物，以高速安全的特点帮助人类实现了许多梦想、缩短了世界各点之间的距离、加强了彼此之间的联系、促进了各国的经济和文明的发展。同时，我们也应该意识到它的复杂性和挑战性，航空人员是很特殊的一群人员，航空器的特点决定了他们必须具备高度的专业素质和精湛的驾驶技术，不但要全面了解相关学科的专业知识，还要对航空器的工作原理滥熟于心；不但要熟知各个系统，而且还要有分析问题和解决问题的能力；不但要能够熟练操纵飞机做各种机动，而且还要能够从容应对特殊情况的发生，从而确保航空的安全。

我国培养飞行人员的模式在不断地变化，对从业人员的要求也在不断提高，除传授综合性的专业知识以外，更加注重再学习能力的培养，以适应航空技术的不断更新与发展，并以积极的态度去面对高新技术的不断涌现，从而有效、合理的利用和再创造，为营造良好的人机环境、构建相互影响相互促进的良性循环，为航空安全与可持续发展打下了坚实的基础。

从飞行员的后期培训来看，近年来增加了新雇员培训、公司运行政策培训、应急训练和定期复训等，培训体系已向系统化、职业化发展。教学模式也从师傅带徒弟的经验型转变到理论与实践紧密结合的综合型，侧重于传授技术而不是简单的技巧，所有的这些改变都是为今后的航空安全储备人才，有利于从根本上改善人为因素这一重大环节。

◎资源管理

现代航空器的配置都是多人制机组，如何正确处理不同个体之间的关系，发挥出"1＋1＞2"的功效是属于驾驶舱资源管理研究的范围。有关数字统计表明，近年来发生的重大事故大都是机级的失误造成的，

因而正确处理驾驶舱中个体之间的关系将对保证航空安全起到重大的促进作用。

(1) 机组间的分工要合理

每一次的飞行任务通常都是由多个单元组成的，涉及到了运行的各个方面，仅靠一个人的力量是很难完成的，应当合理分配任务，发扬团队精神，避免过度疲劳和无所事事。研究表明过度疲劳和无所事事都会降低人的处境警觉意识和主动参与的愿望，对飞行安全极为不利。良好的处境意识可以帮助机组做出正确的决策，把危险降低到最小。

(2) 建立良好的沟通环境

驾驶舱机组之所以设置成多人制，其根本原因在于通过相互提醒而弥补过失以达到保证安全的目的。只有建立良好的沟通才能事半功倍。一旦某个人发现了问题，就要让全机组都知道，只有信息共享了，才能集体献策，更好地解决问题。即使是一个人做事，也要得到其他人的证实，防止决策失误、出现偏差。

(3) 正确处理机组成员之间的关系

机组成员之间是相互配合、相互信任、相互协作的关系，彼此之间都应当相互尊重，也要尊重彼此的意见和建议。特别是作为机长不要一意孤行，应当充分听取机组成员的建议，广泛收集相关信息，集思广益，做出最合理、最明智的选择和决定。如果只是自以为是，居高临下，独断专横的态度及做法，那么在多人制机组间的配合上的危害是十分严重的，可能会导致其他成员想到了不敢提出来，看到了又不敢说出来，震慑于机长的所谓"权威"，对航空安全极为不利。为了整个航空的安全，应当努力营造和谐的驾驶舱环境氛围，与机组成员间愉快地相处，创造和谐气氛。

▶ 知 识 窗

· 航空母舰 ·

航空母舰（Aircraft Carrier），简称"航母""空母"，是一种以舰载机为主要作战武器的大型水面舰艇，舰体通常拥有巨大的甲板和坐落于左右其中一侧的舰岛。航母是航空母舰战斗群的核心，舰队中的其他船只为其提供保护和供给，而航母则提供空中掩护和远程打击能力。发展至今，航空母舰已是现代海军不可或缺的武器，也是海战最重要的舰艇之一。

航空母舰是现代科学技术的产物，是以舰载机为主要武器，并整合通讯、情报、作战信息、反潜反导装置及后勤保障为一体的大型水面战斗基地平台。依靠航空母舰，一个国家可以在远离其国土的地方，不依赖当地的机场而施加军事压力和进行作战行动。世界上第一艘航空母舰是 1918 年 5 月完工，同年 9 月正式编入英国皇家海军的"百眼巨人"号。该舰排水量为 14459 吨，可载机 20 架。它的诞生标志着世界海上力量发生了从制海到制空、制海相结合的一次革命性变化。

| 拓展思考 |

1. 卫星导航是怎么回事？
2. 侦察机的发展现状如何？
3. 怎么样才能申请到一个适合自己的舱位？
4. 国内和国际客票的舱位代码分别是什么？

管

道交通知识

GUANDAO JIAOTONG ZHISHI

第五章

　　管道运输是国际货物运输方式之一，是随着石油生产的发展而产生的一种特殊运输方式。具有运量大、不受气候和地面其他因素限制、可连续作业以及成本低等优点。随着石油、天然气生产和消费速度的增长，管道运输的发展步伐也在不断加快。

管道交通概述

Guan Dao Jiao Tong Gai Shu

管道运输是一种专门由生产地向市场输送石油、煤和化学产品的运输方式，是用管道作为运输工具的一种长距离输送液体和气体物资的运输方式，是统一运输网中干线运输的特殊组成部分。有时候，气动管也可以做到类似工作，以压缩气体输送固体舱，而内里装着货物。虽然管道运输石油产品与水运相比，费用要稍微高些，但与铁路相比，却仍然会便宜很多。而大部分的管道都是被其所拥有者用来对其自有的产品进行运输。

管道运输业是继铁路、公路、水运、航空运输之后的第五大运输业，是我国新兴的运输行业，它在国民经济和社会发展中起着十分重要的作用。管道运输是利用地下管道将原油、天然气、成品油、矿浆、煤浆送到目的地。2006 年末，全国输油（气）管道里程为 48 226 千米，其中输油管 24 136 千米，输气管 24 090 千米。2006 年底，管道输油（气）能力为 66 948 万吨/年，其中输油能力 57 530 万吨/年，输气能力 9 418 千万立方米/年。

2007 年，我国的已建油气管道的总长度约 6 万千米，其中原油管道 1.7 万千米，成品油管道 1.2 万千米，天然气管道 3.1 万千米。现在我国已逐渐形成了跨区域的油气管网供应格局。在我国石油企业实施"走出去"战略以后，我国石油企业在海外的合作区块和油气产量在不断增加，海外份额油田或合作区块的外输原油管道也得到了很大的发展。

管道运输不仅是国民经济综合运输的重要组成部分之一，也是衡量一个国家运输业是否发达的特征之一。

◎管道分类

按输送温度分类：低温管道、常温管道、中温和高温管道。

按设计压力分类：真空管道、低压管道、高压管道、超高压管道。

按材料分类：金属管道和非金属管道。

按输送介质分类：给排水管道、压缩空气管道、氢气管道、氧气管道、乙炔管道、热力管道、燃气管道、燃油管道、剧毒流体管道、有毒流

体管道、酸碱管道、锅炉管道、制冷管道、净化纯气管道、纯水管道。

◎管道运输的形式

原油管道

世界上约有 85％～95％的原油总运量是用管道外运的。我国的原油管道始建于 1958 年，也就是新疆克拉玛依油田开发后由克拉玛依油田到独山子炼油厂，全长 147.2 千米。大规模建设管道是于 20 世纪 70 年代随着石油工业的开发而相应发展的，管道布局是石油生产地与炼油厂、化工厂等用油地相连，也有通过水陆

※ 原油管道

联运、管道输送到海港、内河码头装油船再运到用油地的。我国目前所拥有的原油管道约 8 000 千米，管道原油运输量占管道总运输量的 90％以上，原油外运量的 70％以上是由管道运送的。大庆林源至铁岭是我国输送能力最大的原油管道，管道直径 720 毫米、长 516 千米，双管输油能力为 4500 万吨/年。山东的临邑至仪征是最长的原油管道，管径在 720 毫米，全长 665 千米。

成品油管道

成品油管道不仅可以运送一种油品，而且也可以运送多种油品，主要是由炼油厂通往化工厂、电厂、化肥厂、商业成品油库及其他用户之间。我国的成品油管道大部分都是距离近、管径小、输送油品单一的管道。只有近期完成的东北地区抚顺至鞍山、至大连原油管道改造为成品油管道，管径 529 毫米、长 415.7 千米、输油能力 400 万吨，可输送两种或两种以上的成品油；还有青海格尔木至拉萨的非商业性管道改为商业用管

※ 成品油管道

道，管径 159 毫米、长 1 080 千米。我国的成品油长距离输送网建设的良好开端，就是对这两条成品油管道的投入使用。

天然气管道

它主要是输送气田天然气和油田伴生气的输气管道，由开采地或处理厂输送到城市配气中心，是陆地上大量运输天然气的唯一方式。目前，四川是我国的天然气田主要所在地，全国现有天然气管道 7 000多千米，其中近 5 000 千米在四川；伴生气主要是产在辽河、中原等东部油田，管道有 2 000 多千米。中原油田濮阳柳屯——沧州化肥厂的伴生气管道是我国最长的输气管道，其管径为 426 毫米，长为 362 千米。

※ 天然气管道

煤浆管道

煤浆、矿浆管道是将煤矿粉碎后加水成浆状然后再通过管道进行运输，世界上第一条煤浆管道是 1970 年在美国建成投入使用，年输送能力为 450 万吨。我国的煤浆等使用管道只在厂矿内部短距离少量使用或试用，目前对于煤浆等使用管道的外运都还是处于研究阶段。

◎管道运输的特点

（1）有利于环境保护；
（2）管道运输具有高度的机械化；
（3）管道运输适用的局限性；
（4）管道运输建设工程比较单一。

◎优点与缺点

优点

占地少：由于运输管道通常都是在地下埋着，所以对土地的占用是非常少的；运输系统的建设实践证明，运输管道埋藏于地下的部分占管道总

长度的 95％ 以上，因而对于土地的永久性占用很少，分别仅为公路的 3％，铁路的 10％ 左右，在对交通运输系统进行规划时，要首先考虑管道运输方案，这对于土地资源的节约具有重大的意义。

运量大：一条输油管线可以源源不断地完成输送任务。根据其管径的大小不同，其每年的运输量可达数百万吨到几千万吨，甚至超过亿吨。

管道运输建设周期短、费用低：国内外的交通运输系统建设的大量实践证明，管道运输系统的建设周期如果与相同运量的铁路建设周期相比，一般来说要短 1/3 以上。历史上，我国建设大庆至秦皇岛全长 1,152 千米的输油管道时，前后只用了 23 个月的时间，如果要建设一条同样运输量的铁路，则时间至少需要 3 年；新疆至上海市的全长 4,200 千米天然气运输管道，预期建设周期不会超过 2 年，但是如果新建同样运量的铁路专线，建设周期则是在 3 年以上，特别是地质地貌条件和气候条件相对较差，大规模修建铁路难度将更大，周期将更长。据有关资料的统计表明，管道建设的费用要比铁路低 60％ 左右。

管道运输安全可靠、连续性强：因为石油天然气都是一些易燃、易爆、易挥发、易泄露的东西，采用管道运输的方式，不仅会很安全，又可以大大减少由于挥发而产生的损耗，同时由于泄露而导致的对空气、水和土壤污染也就可以大大的减少，管道运输可以较好地满足运输工程所要求的绿色化。另外，由于管道基本上都是埋藏于地下，在运输的过程中所受的变化多端的气候条件影响是很小的，这样就能确保运输系统长期稳定地运行。

管道运输耗能少、成本低、效益好：一些发达的国家都是采用管道运输石油，每吨千米的能耗不足铁路的 1/7，在大量运输时的运输成本基本上与水运相近，所以说在没有水的情况下，最为节能的运输方式就是管道运输了。管道运输是一种连续工程，整个运输系统不存在空载行程，因而系统的运输效率高，大量的理论分析和实践经验都已经证明，管道口径越大，运输距离越远，运输量越大，运输成本就越低，在这里就以运输石油为例，管道运输、水路运输、铁路运输的运输成本之比为 1：1：1.7。

缺点

灵活性差：管道运输与其他运输方式（比如汽车运输）相比，灵活性是比较差的，除承运的货物比较单一外，它的管线也不可以随便扩展。对一般用户来说，如果要实现"门到门"的运输服务，管道运输只有在铁路运输或汽车运输、水路运输配合下才能完成全程输送。另外，有时候运输量明显地不足，运输成本就会明显地增大。

管道交通工具

Guan Dao Jiao Tong Gong Ju

管道是输送油、气比较理想的工具，同时还可用来运输粮食和矿石等。管道本身是没有动力的，主要是依靠各种增压设施驱动油、气、矿石沿着管道流向目的地。

管道是用管子、管子连接件和阀门等连接成的用于输送气体、液体或带回体颗粒的流体的一种装置。通常，流体经鼓风机、压缩机、泵和锅炉等增压后，从管

※ 管道

道的高压处流向低压处，也可利用流体自身的压力或重力输送。管道的用途是非常广泛的，主要用在给水、排水、供热、供煤气、长距离输送石油和天然气、农业灌溉、水力工程和各种工业装置中。

◎压力管道

压力管道从广义上来讲，主要指的是所有承受内压或外压的管道，无论其管内是什么样的介质。压力管道是管道中的一部分，管道是用以输送、分离、分配、排放、计量、混合、控制和制止流体流动的，由管子、管件、法兰、螺栓连接、垫片、阀门、其他组成件或受压部件和支承件组成的装配总称。

◎压力管道分类

长输管道为 GA 类，级别划分为：

符合下列条件之一的长输管道为 GA1 级：

（1）输送有毒、可燃、易爆气体介质，设计压力 P＞1.6 兆帕的管道；

（2）输送有毒、可燃、易爆液体流体介质，输送距离（输送距离指产

地、储存库、用户间的用于输送商品介质管道的直接距离）≥200千米且管道公称直径 DN≥300毫米的管道；

（3）输送浆体介质，输送距离≥50千米且管道公称直径 DN≥150毫米的管道。

符合以下条件之一的长输管道为 GA2 级：

（1）输送有毒、可燃、易爆气体介质，设计压力 P≤1.6兆帕的管道；

（2）范围以内的管道；

（3）范围以外的管道。

※ 压力管道

公用瞽道为 GB 类，级别划分如下：

GB1：燃气管道；

GB2：热力管道。

工业管道为 GC 类，级别划分如下：

符合下列条件之一的工业管道为 GC1 级：

（1）输送 GB5044《职业性接触毒物危害程度分级》中规定毒性程度为极度危害介质的管道；

（2）输送 GB50160《石油化工企业设计防火规范》及 GBJl6《建筑设计防火规范》中规定的火灾危险性为甲、乙类可燃气体或甲类可燃液体介质且设计压力 P≥4.0兆帕的管道；

（3）输送可燃流体介质、有毒流体介质，设计压力 P≥4.0兆帕且设计温度≥400摄氏度的管道；

（4）输送流体介质且设计压力 P≥10.0兆帕的管道。

符合以下条件之一的工业管道为 GC2 级：

（1）输送 GB50160《石油化工企业设计防火规范》及 GBJl6《建筑设计防火规范》中规定的火灾危险性为甲、乙类可燃气体或甲类可燃液体介质且设计压力 P＜4.0兆帕的管道；

（2）输送可燃流体介质、有毒流体介质，设计压力 P＜4.0兆帕且设计温度≥400摄氏度管道；

（3）输送非可燃流体介质、无毒流体介质，设计压力 P＜10兆帕且设计温度≥400摄氏度的管道；

（4）输送流体介质，设计压力 P＜10 兆帕且设计温度＜ 400 摄氏度的管道。

符合以下条件之一的 GC2 级管道划分为 GC3 级：

（1）输送可燃流体介质、有毒流体介质，设计压力 P＜ 1.0 兆帕且设计温度＜400 摄氏度的管道；

（2）输送非可燃流体介质、无毒流体介质，设计压力 P＜ 4.0 兆帕且设计温度＜400 摄氏度的管道。

◎压力管道的特点

（1）管道组成件和管道支承件的种类非常繁多，各种材料也是各有其特点和具体技术要求，对于材料的选用也很复杂。

（2）压力管道是一个系统，彼此都相互关联、相互影响，如果有一个发生变化则会牵动整个系统。

（3）压力管道的数量之大，种类之多，设计、制造、安装、检验、应用管理的环节也很多，跟压力容器相比，差别很大。

（4）管道上的可能泄漏点要比压力容器多，仅一个阀门处就通常有五处之多。

（5）压力管道的长径比很大，是很容易失稳的，受力情况比压力容器更复杂。压力管道内流体流动状态复杂，缓冲余地小，工作条件变化频率比压力容器高（如高温、高压、低温、低压、位移变形、风、雪、地震等都有可能影响压力管道受力情况）。

◎压力管道元件

压力管道元件制造安全注册级别划分：

按种类分，可以分为五组。第一组为压力管道用金属管子、管件、法兰及支吊架；第二组为压力管道用非金属管子、管件及法兰；第三组为压力管道用阀门；第四组为压力管道用膨胀节和波纹管；第五组为压力管道用密封元件及特种元件。每组按参数和类别分为 A、B 两级。组与组之间是没有覆盖关系的。

※ 压力管道

◎压力管道的检测

对压力管道的检验检测工作主要包括：外观检验、无损检测、金相、硬度测定、测厚、耐压试验等。对无损检测来说，最常用的一种方法就是磁粉检测。磁粉检测的能力不仅与施加磁场强度的大小有关，还与缺陷的方向、缺陷的深宽比、缺陷的形状、工件的外形、尺寸和表面状态及可能产生缺陷的部位有关。所以磁化的方法也是多种多样的。对于锅炉、压力容器和压力管道，常用的磁化方法是：磁扼法和触头法。

磁扼法

磁扼法主要是使用便携式电磁扼两磁极接触工件表面进行的局部磁化，它是用来发现与两磁极连线垂直的缺陷。

磁扼法的有效磁化范围一般是以两极间的连线为长轴（L），从两极的连线中心处向两侧各114L为短轴的椭圆形所包围的面积。如果两磁极的间距太小，由于磁极附近的磁通密度过大，从而会产生一些不相关的显示，磁极的间距太大往往会造成磁场的强度不够。所以磁极之间的距离通常选用50毫米～200毫米。要求使用磁扼最大间距时，交流电磁扼至少应有44N的提升力，直流电磁扼至少应有177牛顿的提升力。

触头法

触头法又可以被称为支杆法、刺棒法、手持电极法或尖锥法。它是用2个触头接触工件表面，通电后会磁化，产生一个畸变的周向磁场，用于发现与两触头连线平行的缺陷。

如果触头的间距过大，磁化电流流过的区域就会变大，从而使磁场减弱；如果触头的间距过小，电极附近磁化电流密度过大，就很容易产生一些不相关的显示。所以，触头的间距一般为75毫米～200毫米。在操作时，在确保触头与工件表面接触良好后，再进行通电磁化，否则就会使工件烧伤。如果要拿触头，应该先关闭电源。

管道交通设施

Guan Dao Jiao Tong She Shi

◎线路设施

管道运输线路的工程就是用管子、管件、阀门等把管道的起点站、中间站和终点站都连接起来。管道运输线路工程的构成主要包括管道组装和敷设，管道阀门和管件的安装，河流、湖泊、道路等障碍的穿跨越，管道防腐和管道附属构筑物的修筑（如水土保护、线路标志）等工程项目。管道工程的主体部分就是管道线路工程，约占管道工程总投资的 2/3。在建设管道线路工程时，其程序一般是先选择路由，设计线路图，然后再进行管道施工。

◎路由选择

由于在选择路由时所牵涉到的因素有很多，所以目前在做选线工作时还是依靠着经验进行的。常规的路由选择方法是根据规定的管道起点和终点位置，首先是在比例适当的地形图上挑选出比较可行的多条线路走向方案，然后再对其进行初步地分析对比，选出几个比较好的方案，并绘制出线路纵断面图，同时在图上初步布站，最后再到现场勘察。在勘察时，按照上述的选线原则收集自然地理、工程和水文地质、地区规划等各种资料，再进一步综合比较分析，提出一个最优的走向方案。对于线路较长、穿跨越点多、线路条件复杂和投资大的工程，需要进行综合性的多次反复对比。对线路中的那些大型穿跨越工程也要提出细致的施工方案，主要从投资和工程量这两个方面进行比较，甚至有的还要对工程进行试验，才能确定最终的方案。

经过第二次世界大战以后，相继出现了航空摄影和卫星遥感技术，这就为线路的选择走向提供了详细而又准确的资料。近年来，路由选择还是采用图论或动态规划的方法，再借助于电子计算机为线路选择最好的走向。

◎线路设计

根据线路走向是最初方案，在现场埋设转角桩定线，进行地质和水文勘察以及地形测量（地面测量或航空测量）等工作，在此基础上绘制成线路走向平面图和纵断面图，并且在图中要标明管道的管径、管壁厚、管材、防腐材料，管道的敷设方式和埋深，保温层的材料和结构，温度补偿形式和位置，截断阀的规格型号和位置，河流及其他障碍的穿跨越方式，抗震措施（见管道抗震），沿线水工保护构筑物和线路标志等。

大多数的管道都采用的是埋地敷设的方式，这样不仅可以保持管道的稳固可靠，对交通和农田的耕作又没有障碍。世界上埋地管道约占已建管道的 98%。管顶的覆土厚度根据管道稳定性、地温、冻土层（或融化层）厚度、耕作深度和安全等条件决定，一般在 0.8～1.2 米之间。对那些局部地下水位过高而不宜埋设的地段，则可采用土堤敷设的方式，或者就是将管道架设在地面的管枕或管架上。

不管是地上管道还是地下管道，都会在温度差的作用下产生热变形。常用固定墩和补偿段来保护管子弯头和同它相连的设备不受破坏。为防止沼泽地区的管道漂浮，一般采用钢筋混凝土连续覆盖层或马鞍型混凝土块加重，也可用机械式地锚来稳管。如果管道是在山丘陡坡的地带，在必要时要修筑截水墙或排水沟等水工设施，以防管顶覆土流失。沙漠地区的管道多用植被或化学凝固剂固沙，避免覆盖层移动和管道裸露。在管道穿过铁路或公路时，多在路基下装设水泥套管或钢套管，管道在套管中穿过，以保证管道与道路的安全。但有的也可以直接埋设在路基下，不用再套管，这两种方法都是规范所允许的。

◎管道施工

管道线路工程的施工是一种综合性的作业，它是由多种专业化技术组织起来的。埋地管道施工程序包括：线路开拓、管材预加工、防腐、挖沟、运管和布管、弯管和组装、焊接、质量检验、试压、下沟、回填、恢复地貌和设置标志等。以一个每天敷设 3 千米左右、管径为 760 毫米管道的机械化施工作业队为例，配备 300 余名技术工人和 170 多台设备，在平坦的地区，一年可铺管 300 千米以上。

◎管站库设施

输气站

管道输气站指的是为管道输送天然气或石油伴生气而建立的各种作业站。按其功能可分为压气站、调压计量站和储气库三种。

压气站：指的是以压力能的形式给天然气提供输送动力的作业站。

分类

按压气站在管道沿线的位置进行分类，可以分为：起点压气站、中间压气站和终点充气站。起点压气站是在气田集气中心或处理厂附近，主要的作用就是为天然气提供压力能，并有气体净化、气体混合、压力调节、气体计量、清管器发送等作业。中间压气站是位于运输管道沿线上，主要是给在输送中消耗了压力能的天然气增压。终点充气站则是在储气库内，主要是将输来的天然气加压后送入地下储气库。

设 备

压气站的主要设备就是由压气机组合而成的压气组。长输管道采用的压气机有两种形式：往复式和离心式。往复式的主要特点就是通过压缩比（出口与进口的压力之比）高及可通过气缸顶部的余隙容积来改变排量，起点压气站和终点压气站都是采用这种方式。而离心式压气机压缩比低，排量大，可在固定排量和可变压力下运行，中间压气站采用的就是这种方式。这两种压气机都可以用并联、串联或串联和并联兼用方式运行。串联多用于那些需要高压缩比，小排量的压气机；并联多用于那些需要低压缩比，大排量的压气机；而在压力和输量都有比较大的变化时，可同时采用串联和并联的方式运行。不同功率的压气机可以搭配设置，便于调节输量。在同一站上，往复式和离心式这两种压气机可以并联使用。

调压计量站

调压计量站指的就是调节天然气输送压力和测量天然气流量的作业站。有的调压计量站还能对气体的质量进行监测。调压计量站一般都是设置在输气管道的分输处和末站。末站主要是给城市配气系统分配天然气和分输给储气库。调压计量站的设备主要有计量装置、压力调节阀和杂质分离器等。

储气库

储气库就是指为了实现均衡输气、提高输气管道利用率和保证安全供气而建立的作业站。建造储气库是为了确保管道经常处于高效率输量下运行，当管道发生事故时仍能连续向用户供气，它主要建造在城市配气站或大工业用户附近。在用气负荷低峰时，它可以储存多余的天然气，而在用气负荷高峰时，则可以补充管道来气量的不足，同时可以对因昼夜和季节用气量变化而引起的输气不均衡进行调解。

储气库主要可以分为地下储气库、埋地高压管束储气库等等。地下储气库主要是由枯竭的油、气田构造或含水层和人工盐岩穴等建成的。在建设地下储气库时，投资比较少、储气量大。其中最简单的就是以利用枯竭的油、气田构造建造的储气库。而埋地高压管束的容量有限，但是单位储量的造价最高。

地下储气库的地面设施可以分为两部分：采气和注气。采气时，天然气从储气库出口采出，进行加热，脱水后进入输气管道；在注气时，则是由充气站的压气机将气体加压注入地下储气库。

输油站

输油站是油品管道的基本组成部分之一，它是为实现油品管道运输而建立的各种作业站场。按输油站所处的位置，可以将其分为起点站（首站）、中间站和终点站（末站）；按其作用又可分为增压站（又称泵站）、加热站、热泵站、分输站和减压站等。

起点站

起点站是长距离输油管道的起点，通常是在油田、炼油厂或港口附近。其主要功能是接受来自油田、油船的原油或来自炼油厂的成品油，并经过计量、加压（或加热）后输往下一站。有的起点站同时也有油品预处理（如原油稳定、脱盐、脱水、脱杂质；柴油、汽油脱水；顺序输送的成品油着色等）和清管器发送、污油的收集处理等功能。起点站的主要生产设施有泵组、阀门组、油品计量和标定装置、油罐区、油品加热装置以及水、电、燃料供给和消防等辅助设备。我们主要是根据输油量、油品性质和作业要求来对输油站的工艺流程进行制定的。起点站的输油流程一般是接受来油（计量后储于油罐）后，经过站内循环和倒换油罐、正向输油（即经辅助增压泵、计量装置或经加热装置后再用输油泵增压，由管道输往下站）、发送清管器，超压保护以及出站压力调节等。

输油站的核心设备就是输油泵，它是以压力能的形式给油品提供输送动力的。用于长输管道的输油泵有两种：离心泵和往复泵。只有在特殊的条件下，才使用往复泵。离心泵的扬程随排量增大而减小，出口阀门关闭时，流量为零，扬程达到最大值。离心泵自吸能力低，大排量的离心泵要求油流正压进泵。油品的黏度对离心泵的工作特性和效率有很大的影响，因此，离心泵适用于大量输送低黏度油品。输油管道的主要泵型——离心泵，它可以用电动机或燃气轮机等高转速动力机直接驱动，效率可达80～86％。往复泵的排量仅与每分钟的冲程数有关，而与扬程无关；扬程的大小仅受设备强度和动力的限制，在允许范围内，可随管道摩擦阻力而定；往复泵自吸能力好，因此适用于输送高粘油品，或用于易凝油品管道停输后的再启动。

各泵机组之间有两种运行方式：串联和并联。在串联运行时，泵站的排量就是每台泵的排量，泵站的扬程是各工作泵的扬程之和。并联运行时，泵站的排量是各工作泵的排量之和，每台泵的扬程就是泵站的扬程。离心泵不但可以并联运行，而且也可串联运行。平原地区的站，大多都是采用大排量、中扬程的离心泵串联运行，有利于节能和自动控制。若输油站的下游管道上坡很大，则使用并联更好些。用内燃机和燃气轮机作动力的泵站，可通过调节转速来改变输量。电动机驱动的泵站，由于大多数的电动机本身的转速是不变的，普遍采用大小泵的不同组合来调节输量。近年来也有用调速电机或液力耦合器来辅助输量的调节。

在选择输油泵时，需要满足输油压力、排量和油品特性的要求。此外，还需考虑机组的可靠性、耐久性，并考虑易于操作、便于实现自控和遥控、有利于提高机组的效率和能够节能等多方面的因素。泵的可靠性是非常重要的，它是保证管道不间歇地输送油品和实现油品输送自动化的基础。在确定输油泵台数的时候，要考虑有利于调节输量和操作方便，以及在规定的输量范围内，能够保持在泵的高效率区运行等因素。为了提高设备的利用率，一般每个泵站的泵机组数以四台左右为宜，其中有一台是备用的。

中间输油站

它是位于输油管道沿线的输油站，其站距按管道的水力计算和热力计算确定，并根据输油工艺、地质、建设规划等多方面要求选择和布置中间站地点。中间输油站的功能有的是只给油品加热的加热站，有的是只给油品加压的泵站，有的是既加压又加热的热泵站。泵站大多是成品油管道的中间输油站；热泵站大多是易凝高粘原油管道的中间站。

中间输油站与上站来的管道衔接的方式有两种：开式旁接油罐方式和密闭从泵到泵输送方式。现在的输油管道普遍使用的是后一种方式。密闭输送的中间站，一般只进行两种作业，就是正向输油和越站。

在正常运行时，上站来油先经过换热器进行加热，再经输油泵加压后输往下站。当需要越站输送时，可以把进出站的阀门关闭，由上站将油品直接输往下站。通过站内阀门的控制，也可进行只加热而不加压越站运行或只加压而不加热的越站运行。

如果油品是先加热后进泵，则可降低进泵油品的黏度，使泵的效率有所提高。加热装置在低压下工作，既安全又节约钢材。如果在站内设有辅助增压泵，油品加热装置应设在辅助增压泵之后和输油主泵之前，这样不但保持先加热后进泵的优点，又可以使油流有足够压力进入主泵。

加热装置是热泵站的主要设施之一。常用的加热方法有：①利用驱动泵的柴油机或燃气轮机的排气余热或循环冷却水加热油品。②用蒸汽或其他热煤作中间热载体，在换热器中给油品间接加热。③油品在加热炉炉管内受火焰直接加热；当输油中断时，油品在炉管中有结焦的可能，易造成事故。

终点站

其位于管道的末端，接受管道来油，将合格的油品输送给收油单位，或改换运输方式，如铁路、公路或水路运输。终点站的主要任务之一是解决管道运输和其他运输方式之间输量的不均衡问题。为了使管道能够连续地按经济输量运行，在终点站需要设置足够容量的油罐。油罐区容量的大小是根据转运运输方式的运转周期、运量、运输条件及管道输量等因素综合考虑的，如依靠海运发油，一次装油量大，周转期长，就需要较大的储油罐区。单一油品输送的起点站和终点站，罐区容量一般不少于3昼夜的管道最大输量。油品顺序输送的管道起点站、终点站，罐区容量主要是由油品种类、顺序输送的每批批量、循环周期等来决定，一般每种油不少于两个油罐。此外，终点站还设有计量、化验和转输设施，如铁路装油栈桥，水运装油码头等。

终点站和起点站的重要设备是油罐，它大多都是用金属材料建造，也可用非金属材料建造。大型管道起迄点的油库还可用地下大型岩穴和盐岩穴等储存大量油品。长距离输油管道上普遍采用大容量的金属浮顶油罐或内浮顶油罐。

终点站流程通常包括接受来油、倒换油罐、计量储存、装车或装船、站内循环、接受清管器和向受油单位分输等作业。如果是按顺序输送成品

油时还有收油、切换、分类进罐、混油处理等作业。

◎附属设施

管道交通设施还有很多的附属设施，主要包括有通信线路、供电线路、遂路工程，管理、维修机构及生活基地等。

管道增压泵

管道增压泵主要包括机壳、电机、泵体和叶轮，电机位于机壳内，泵体与电机固连，叶轮位于泵体内，电机的转轴一端与叶轮固连，电机转轴的另一端固连着一个风叶，在机壳和电机之间留有一定的通风间隙，在风叶侧部的机壳上还开有一个进风口，而在接近泵体处的机壳上设有一个出风口。

管道增压泵主要是利用两个转子相互挤压的功能，将低压气体输送出去，再在挤压的过程中产生高压压力。

增压泵主要是专门针对天然气、沼气等气体而设计的。通过它，可以对气体压力不足的现象进行改善，使气体燃烧更充分，火力更大。由于泵的负压作用，可以使气池的产气更充分。在各类沼气池和远距离输送沼气里应用的最广泛的就是增压泵。

同时，也可以在天然气燃烧压力低、输送管道压力低等场所使用。

管道过滤器

不锈钢管道过滤器主要是由接管、滤篮、筒体、法兰盖、法兰及紧固件等组成。在管道上进行安装，不仅可以除去流体中的较大固体杂质，使机器设备（包括压缩机、泵等）、仪表能正常工作和运转，还可以达到稳定的工艺过程，使安全生产有很好的保障。

不锈钢过滤器采用的是 304 升、316 升不锈钢楔形滤网，强度大、精度高、耐腐蚀，最高过滤精度可达 25 微米。

1. 过滤器材质：对于过滤器的材质的选择，一般都是选择与所连接的工艺管道材质相同，对于不同的工艺管道条件可考虑选择铸铁、碳钢、低合金钢或不锈钢材质的过滤器。

2. 公称压力：按照过滤管路可能出现的最高压力确定过滤器的压力等级。

3. 过滤器阻力损失计算：主要用的是水用过滤器，在一般计算额定流速下，压力损失为 0.52 千帕～1.2 千帕。

4.孔目数的选择：主要考虑需拦截的杂质粒径，依据介质流程工艺要求而定。各种规格丝网可拦截的粒径尺寸查下表"滤网规格"。

5.进出口通径：在原则上，过滤器的进出口通径不应小于相配套的泵的进口通径，一般都是与进口管路口径一致。

管道补偿器

管道补偿器可以分为金属波纹补偿器、非金属补偿器、套筒补偿器、方形补偿器等几大类。使用比较普遍的是金属波纹补偿器和非金属补偿器。

金属波纹补偿器是由构成其工作主体的波纹管（一种弹性元件）和端管、支架、法兰、导管等附件组成。它属于一种补偿元件。利用其工作主体波纹管的有

※ 管道补偿器

效伸缩变形，以吸收管线、导管、容器等由热胀冷缩等原因而产生的尺寸变化，或补偿管线、导管、容器等的轴向、横向和角向位移。同时它也可以用来降噪减振。在现代工业中有着广泛的用途。

而非金属补偿器则可以补偿管道轴向、横向、角向位移，具有耐高温、防腐蚀、无推力、简化支座设计、消声减振等特点，对于那些热风管道及烟尘管道是非常适用的。

管道补偿器作用：

1.吸收设备振动，减少设备振动对管道的影响；

2.吸收地震、地陷对管道的变形量；

3.波纹补偿器伸缩量，方便阀门管道的安装与拆卸；

4.补偿吸收管道轴向、横向、角向热变形。

如何对补偿器进行选型

虽然受到各方面的制约是相当复杂的，但是不管是哪一种复杂的管系都可以选用若干个固定支架，在不同的部位选择不同的设置，将其分成若干形状相对简单的单独管段，如"Z"型管段和"Ⅱ"型管段等，并分别对各管段的变形及补偿量进行确定。由于补偿器的种类非常的多，正确地选型是非常重要的，因此在对管系的总体设计时，应充分地考虑到管线的走向和支撑体系（包括固定管架、导向滑动管架等）的设计和综合考虑补

偿器的造型和配置，从而达到安全、合理、适用、经济的最佳组合。波纹管补偿器主要是以波纹管为核心的挠性元件，在管线上再作轴向、横向和角向三个方向的补偿。轴向型补偿器为了减少介质的自激现象，在产品的内部没有内套管，在很大程度上限制了径向补偿能力，所以通常只用以吸收或补偿管道的轴向位移（如果管系中确需少量的径向位移，可以订货时予以说明其径最大位移量）；横向位移补偿器（大拉杆）主要吸收垂直于补偿器轴线的横向位移，小拉杆横向位移补偿器适合于吸收横向位移，也可以吸收轴向、角向和任意三个方向位移的组合；万向铰链（角向）补偿器，由两个或三个配套使用，可吸收三维方向的变形量；铰链补偿器（也称角向补偿器），它以两个或三个补偿器配套使用（单个使用铰链补偿器没有补偿能力），用以吸收单向平面内的横向变形。

◎管道封堵气囊

所谓的管道封堵气囊就是指橡胶和纤维织物等高分子合成材料经高温硫化工艺制成的一种多规格、多形状，可用于管道、涵洞输水、排污、除淤维修的橡胶产品。它可在不同的位置、不同的平面和不同的管径上快速阻断水流。地下管道进行输排水和淤污治理的理想工具就是封堵气囊。

管道封堵气囊，主要针对横管（即水平管道）管道封堵，特点是：

（1）操作简单、重量轻，本体尺寸小、经济实用；

（2）超强膨胀性；

（3）本气囊可以自由折弯 180 度，有一定的耐腐蚀性能；

（4）椭圆型，接触管道面积不多，但易于塞入管道，堵水效果一般。

◎管道封堵气囊的施工方法

管道封堵气囊堵水的工作原理是利用优质橡胶做成的管道封堵气囊，通过充气方法使其膨胀，当堵水气囊内的气体压力达到规定的要求时，堵水气囊填满整个管道断面，利用管道封堵气囊壁与管道产生的摩擦力堵住漏水，从而达到目标管段内没有渗水的目的。

管道封堵气囊的型号有：pvc 气嘴胶囊、复合型闭水堵、气嘴式闭水堵、双异充气胶囊。

管道封堵气囊特别适合对排水管道封后进行闭水试验、闭气试验、漏点查找、管道维修临时堵水等维护测试工作。

由于管道堵水气囊主要是由增强的天然橡胶制成，每一个管道堵水气囊在交付前，都会在 1.5 倍的额定工作压力和相应型号的管径条件下进行

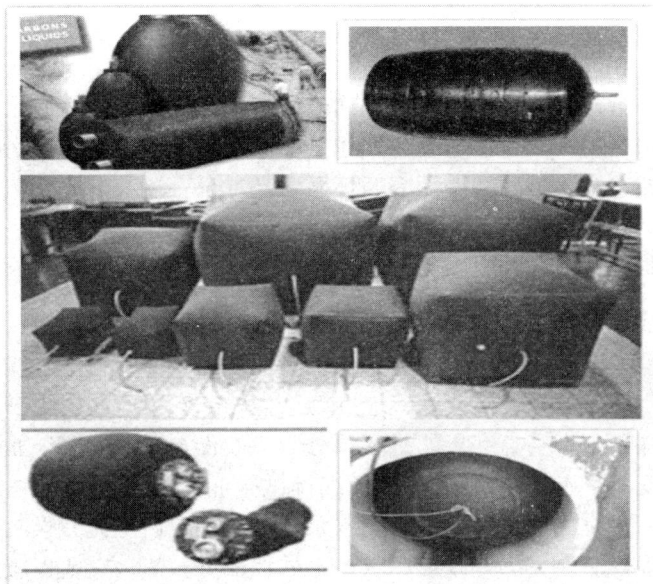

※ pvc 气嘴胶囊

测试。为了使管道堵水气囊结构的强度有一定的保证，通常是采用三倍于管封器额定工作压力的安全系数。

管道堵水气囊主要是由气囊、压力表、三通、6 米长特制气压胶管、打气筒组成。在建筑楼层闭水试验中能承受 2～6 层楼水的自然压力。管道堵水气囊，特别适合对排水管道封后进行闭水试验、闭气试验、漏点查找、管道维修临时堵水等维护测试工作。

管道堵水气囊，主要针对立管（即从检查口塞入的那种管道）管道封堵，特点是：

（1）采用增强天然橡胶制成，具有超强的膨胀性；

（2）操作直观、直接观察压力表的压力操作，按照标准压力充气；

（3）本气囊可以自由折弯 180 度，并有一定的耐腐蚀性能；

（4）本体尺寸小、很容易塞入管道，经济实用。

◎管道封堵气囊的使用方法

将封堵气囊放入需要堵塞的管道口处，放入管道的长度也就是封堵气囊的长度，然后通过进气阀冲入压缩空气到规定压力，就可以对其进行施工，施工完毕后打开进气阀放出空气，再把封堵气囊取出来。

◎管道排污泵

管道排污泵的安装很方便，用途也很广泛，可作一般管道泵为高层建筑加压送水之用，又可输送含有颗粒纤维污水，除了适用输送污水外，还可以用作疏水泵、过滤冲洗冷凝循环泵等。

◎管道排污泵的安装要求

在安装管道排污泵时，其技术的关键在于确定管道排污泵的安装高度，也就是吸程。这个高度指的是水源水面到离心泵叶轮中心线的垂直距离，它和允许吸上真空高度是不能混为一谈的，水泵产品说明书或铭牌上标示的允许吸上真空高度指的是水泵进水口断面上的真空值，而且是在 1 标准大气压下、水温 20℃ 情况下，进行试验而测定得的。它并没有考虑吸水管道配套以后的水流状况。而水泵安装高度应该是允许吸上真空高度扣除了吸水管道损失扬程以后，所剩下的那部分数值，它要克服实际地形吸水高度。水泵安装高度不能超过计算值，否则，离心泵将会抽不上水来。此外，吸水管道的阻力损失扬程影响着计算值的大小，因此，比较适合采用最短的管路布置，并尽量少装弯头等配件，也可考虑适当配大一些口径的水管，从而使管内的流速减小。

需要注意的是，立申管道排污泵安装地点的高程和水温与试验条件不相同时，如当地海拔 300 米以上或被抽水的水温超过 20℃，也就是说不同海拔高程处的大气压力和高于 20℃ 水温时的饱和蒸汽压力。则要对计算值进行修正。但是，水温为 20℃ 以下时，饱和蒸汽压力可忽略不计。

从立申管道排污泵安装的技术上看，要求吸水管道要有严格的密封性，不能漏气、漏水，否则离心泵进水口处的真空度就会受到破坏，使离心泵出水量减少，严重时甚至抽不上水来。因此，只要认真把管道的接口工作做好，才能使管道连接的施工质量有一定的保证。

管道交通管理

Guan Dao Jiao Tong Guan Li

对于管道的交通管理主要指管道的生产管理。管道生产管理主要指的是在管道运行过程中利用技术手段对管道运输实行统一的指挥和调度，从而可以保证管道在最优化状态下，进行长期安全而平稳的运行，以获得最佳经济效益的过程。

管道生产管理主要包括四个方面：管道生产计划管理、管道输送技术管理、管道输送设备管理和管道线路管理。而管道生产计划管理和管道输送技术管理合称为管道运行管理。

◎管道输送计划管理

主要是根据管道在运输的过程中所承担的运输任务和管道设备状况，进行合理编制的运行计划，这样就可以进行有计划的生产。管道输送计划管理首先要对年度的计划进行编制，然后依据年度计划安排管道输送的月计划、批次计划、周期计划等，再根据这些计划安排管道全线的运行计划，编制管道站、库的输入和输出计划，以及分输和配气计划。还有一方面就是根据输送任务和管道设备状况，还要对设备维护检修计划和辅助系统作业计划进行编制。

◎管道输送技术管理

管道的输送技术管理主要是根据管道输送的货物特性，来确定输送方式、工艺流程和管道运行的基本参数等，从而可以使管道的生产最优化。管道输送技术管理的内容包括随时检测管道运行状况参数，分析输送条件的变化，还要采取各种适当的控制和调节措施对运行参数进行调整，从而可以使输送设备的效能得到充分的发挥，尽可能地使能耗减少。而对于在输送过程中所出现的技术问题，要随时给予解决或提出来研究。对管道输送技术的管理和管道输送计划的管理则都是通过管道的日常调度工作来实现的。

◎管道输送设备管理

管道输送设备管理主要是对管道站、库的设备进行维护和修理，以保证管道的正常运行。其管理的内容主要包括：1. 制定日常设备维修和大修计划；2. 对设备状况进行分级，并进行登记；3. 记录各种设备在运行中的状况；4. 对一些陈旧、低效能的设备进行改造和更新；5. 进行对在线设备的保养。

◎管道线路管理

对管道线路进行管理，主要是为了防止线路受到自然灾害或其他因素的破坏。

管道线路管理的内容主要包括：1. 日常的巡线检查；2. 管道防腐层的检漏和维修；3. 管道线路设备的改造和更换；4. 管子的渗漏检查和维修；5. 清管作业和管道沿线的放气、排液作业；6. 管道紧急抢修工程的组织；7. 管道线路的抗震管理；8. 线路构筑物和穿越、跨越工程设施的维修等。

◎技术手段

由于管道运输线路长，站、库都比较多；输送的货物也都是一些易燃、易爆、易凝或易沉淀，而且是在较高的输送压力下连续运行，这样，就要求管道生产管理要具备各种可行的技术手段，主要有管道监控、管道通信、管道流体计量。管道监控主要是利用仪表和信息传输技术对全线各站、库和线路上各测点的运行工况参数进行测试，作为就地控制的依据，或输给控制室作为对全线运行工况进行监视和管理的依据，并把收集到的运行工况参数，在经过分析、判断后，下达调度指令，调节或改变运行工艺。管道通信则是管道全系统利用通信系统交流情况，对各种参数信息进行传递，下达调度指令，实现监控。管道管理水平的提高，通信系统是起着非常重要的保证作用的。通信线路有明线载波、微波、甚高频和特高频等，是电话、电传打字及监控信号等的常用信道。为了确保通信的可靠性，通常使用一种以上信道，有的管道用微波或同轴电缆作为主要通信手段，辅助的通信手段则是甚高频、特高频。有的管道还用通信卫星作备用手段。而海洋管道多用电离层散射等进行站间或管道全系统通信。管道流体计量是为管道管理提供输量和油、气质量的基本参数，是履行油品交接、转运和气体调配所必须的。

管道交通安全

Guan Dao Jiao Tong An Quan

◎管道的清洁

为了保证管道运输的正常进行，就要对管道进行定期清洁。管道清洁主要是清除油、气管内积存的凝油、积蜡、机械杂质、腐蚀产物如硫化铁和积水等物质。由于这些物质是附着在管壁上或沉积在管底下的，所以管道的内截面积就会缩小，并且对管道的内表面有一定的腐蚀性，从而使油、气输送的能耗增加。在清管的时候用的主要是清管器。有的清管器上还装有各种仪器，主要是用来测量管壁厚度、内腐蚀情况、管道变形和位置沉降等。球形清管器、皮碗式清管器和软质清管器都是最常用的清管器。

◎球形清管器

球形清管器又名清管球，它主要是用于清除管内积水和输气管道中的凝液，也可以在施工完毕、投产之前对管内进行清扫，同时也可以在油品顺序输送中用作隔离。清管球的外径一般比管道内径大 2%，称为过盈量。在清管球放入管道时，必须先在球内注满水让其胀大，这样就可以使清管球在管内运行时与管壁形成环带接触面，从而达到较好的密封和清管效果。

清管器在管道中运行主要是靠在它前后形成的压差，运行压差一般为 0.3～0.5 千克力/厘米。清管球与其他形式的清管器相比，在运行时所需的压差一般要小一些。清管球在经长距离运行而磨损后，其直径就会变小，密封性能和清管效果也都会下降，对于这种情况，可以采取再充水加压的方法恢复球的直径。一个用耐磨塑料制成的、壁厚 50 毫米的清管球可运行 2000 千米左右。清管球的适应性非常强，可以从小曲率半径的弯头通过；并可借助于球的重力实现

※ 清管球

发送和接收时的就位。但清管球还有缺点，那就是清除管内积蜡和铁锈等固体物质的效果较差，造价也比较高，并且在球体上安装测试仪器也是比较困难的。

◎皮碗式清管器

皮碗式清管器又称机械清管器。它主要是把皮碗固定在清管器的轴上，当几个皮碗连接在一起时，轴与轴之间采用柔性连接，以增加通过较小曲率半径弯头的能力。这种清管器的长度一般不小于管道内径的 1.5 倍。为了使皮碗和管壁贴紧，皮碗的直径要大于管道内径 3 毫米。在皮碗之间还可以装钢丝刷或刮刀等，主要是对焊渣、铁锈和蜡块等

※ 皮碗式清管器

进行清刷和刮削。皮碗式清管器清管效果较好，造价便宜，可以更换易损坏部件，也便于安装各种测试仪器。清管器在刚投入管道运行时，清管器有可能被卡在管内，为了寻找被卡住的位置，可以在清管器中放入一个能发射无线电波的示踪器，它所发射出的信号能穿过钢管和土层，这样就可以用探测器准确地找到清管器的位置。

◎软质清管器

软质清管器主要是用开孔的泡沫塑料制成的。它有较大的弹性，放入管内，直径可压缩变小，而长度略有增加。整个软质清管器的表面紧贴在管壁上，可以起到擦拭作用。同时，对于严重变形的管道，这种清管器也是可以通过的。缺点是：对于黏结牢固的蜡块和沉积物，它的清除能力比较差，因为是松软的泡沫塑料质地，也比较容易损坏。

经常清管可以使管道正常的运行，减少管内污物的积存，提高管道的输送效率，延长清管器的使用寿命。但清管的频率要根据计算出的最佳清管周期来确定。

◎线路的安全维护

线路的安全维护主要包括检查管道腐蚀和防腐情况；检查沿线水工构筑物和被覆土层流失情况；检查管道有无漏油点；检查沿线阀门的情况；检查标志有无损坏的情况等。一旦检查出管道线路和设备出现故障，就要

及时修补或更新。

由于管道的线路长，随时都有受到人为的破坏和自然灾害破坏的可能，所以，要经常进行巡线和检修工作。另外，还要组织一个专门的管道维修队，配备必要的机动设备、土方施工机具、施焊和封堵设备以及通信工具等，以便随时准备抢修。

◎管道防腐检查

日常的防腐检查有：要定期对管道沿线的保护电位进行测试；用防腐层检测仪在地面上检查管道防腐层的完好性，一旦发现破损，要及时挖开修补。如果要检查老管道内的腐蚀情况，相对来说是比较复杂的一项工作，常用的是带有测试仪器的皮碗式清管器来进行。测试仪器包括检测内腐蚀的磁力探伤仪和检测管壁厚度的超声波测厚仪，并用支撑轮的转数计算运行距离，将所有测试到的参数转换成信号记录在磁带上。在检测结束后，磁带由计算机作出解释，就可以指示出管道的腐蚀程度和腐蚀位置。

◎管道覆盖和维护

暴雨和洪水会造成管道覆土流失和堤岸破坏，造成水下穿越管道裸露、悬空甚至被冲断。这些情况主要靠巡线人员发现。地面步行或空中飞行巡线是巡线人员通常采用的方法。对于管道的维护工作必须按照详细的线路工程竣工图实施。

◎管道漏油检查

主要靠巡线人员巡回检查。为了保证沿线居民和企业的安全，各国都制定有油、气管道安全技术规范，由政府部门严格监督实施。如果管道发生泄漏，就要立即上报主管部门，并到现场检查事故的原因。

◎管道抢修

在管道的维护工作中，最突出的是破漏抢修和更换管段等大型事故处理作业。如果破漏是因腐蚀穿孔造成的，可以用夹具堵住管道上的漏孔，然后进行补焊。如果管道遭到严重损坏或发生变形，就必须对管道进行切除并更换新管段。在切除管道时，漏出的油、气是很容易引起火灾的，一定要小心。在低处切除管道时，必须防止大量油气漏出，常使用机械式封堵器封堵管道，在不停止的运输情况下进行抢修作业。

机械封堵的方法就是在要更换的管段上、下游各开一个孔，每一孔内塞入一个带皮碗的封堵器，使两端的油或气隔断，然后把损坏的管段中的油或气排净，用机械割刀将管段割下，再在两端的割口内塞入两个清管球，并在清管球与封堵器之间充入氮气，主要是为了防止在焊接时出现爆炸。将配好的新管段就位、对口、施焊，焊好后将封堵器从管内提出并封闭开孔，封堵换管工作就完成了。当管道修复运行后，在下游站的清管器接收筒中回收两个清管球。封堵更换管段时，在封堵前可先引出旁通管，以保证在整个换管过程中管道输送不间断。

◎管道防腐

管道防腐主要指的是为了减缓或防止管道在内外介质的化学元、电化学作用下或由微生物的代谢活动而被侵蚀和变质的措施，是为了避免管道遭受土壤、空气和输送介质（石油、天然气等）腐蚀的防护技术。由于输送油、气的管道大都是在复杂的土壤环境中，所输送的介质也有很多的腐蚀性，因而在管道的内壁和外壁都可能遭到腐蚀。管道一旦被腐蚀穿孔，就会造成油、气漏失，这样运输不仅会中断，而且也会对环境造成一定的污染，严重的情况下可能引起火灾，造成危害。据美国管道工业的统计资料，1975 年由于腐蚀造成的直接损失达 6 亿美元。所以说，管道工程最重要的内容就是防止管道腐蚀。

这种工艺标准适用于民用及一般工业建筑的设备、管道的防腐蚀施工操作。按管道腐蚀形态分，可以将其分为全面腐蚀和局部腐蚀；按管道被腐蚀部位分，可将其分为内壁腐蚀和外壁腐蚀；按管道腐蚀机理，可分为化学腐蚀和电化学腐蚀等。

◎防腐方法

管道防腐最基本的方法之一就是用涂料均匀细密地涂敷在经除锈的金属管道表面上，使其与各种腐蚀性介质隔绝。20 世纪 70 年代以来，在极地、海洋等严酷环境中敷设管道，以及油品加热输送而使管道温度升高等，对涂层性能也提出了更多的要求。所以，管道防腐涂层越来越多地采用复合材料或复合结构。这些材料和结构都要有良好的物理性能、稳定的化学性能、介电性能和较宽的温度适应范围等。

外壁防腐涂层：管道外壁涂层材料种类和使用条件。

内壁防腐涂层：是为了防止管内腐蚀、降低摩擦阻力、提高输量而涂

于管子内壁的薄膜。常用的涂料有胺固化环氧树脂和聚酰胺环氧树脂，涂层厚度为 0.038～0.2 毫米。为了保证涂层与管壁粘结牢固，必须对管内壁进行表面处理。20 世纪 70 年代以来，发展趋势趋向于管内、外壁涂层都使用一样的材料，这样在管内、外壁的涂敷就可以很方便的同时进行。

防腐保温涂层：在中、小口径的热输原油或燃料油的管道上，为了减少管道向土壤散热，而在管道的外部加上保温和防腐的复合层。常用的保温材料就是硬质聚氨酯泡沫塑料，适用温度为 $-185\,℃\sim95\,℃$。由于这种材料质地松软，为了提高其强度，因此在隔热层外面加敷一层高密度聚乙烯层，形成复合材料结构，这样是为了防止地下水渗入保温层内。

电法保护

这种方法主要是改变金属相对于周围介质的电极电位，使金属免受腐蚀的方法。长输管道的电法保护只是针对阴极保护和电蚀防止法。

阴极保护：主要是指将被保护金属极化成阴极来防止金属腐蚀的方法。这种方法用于船舶防腐，已有 150 多年的历史；第一次在管道上应用是在 1928 年，是将金属腐蚀电池中阴极不受腐蚀而阳极受腐蚀的原理应用于金属防腐技术上。利用外施电流迫使电解液中被保护金属表面全部阴极极化，则腐蚀就不会发生。判断管道是否达到阴极保护的指标主要有最小保护电位和最大保护电位两项。前者指的是金属在电解液中阴极极化到腐蚀过程停止时的电位；其值与环境等因素有关，常用的数值为 -850 毫伏（相对于铜－硫酸铜参比电极测定，下同）。后者是指被保护金属表面容许达到的最高电位值。当阴极极化过强，管道表面与涂层间会析出氢气，而使涂层产生阴极剥离，所以必须控制汇流点电位在容许范围内，以使涂层免遭破坏。此值与涂层性质有关，一般取 $-1.20\sim2.0$ 伏。而实现地下管道阴极保护有两种：牺牲阳极法和外加电流法。

牺牲阳极法主要是采用比被保护金属电极电位更负的金属与被保护金属连接，两者在电解液中形成原电池。电位较负的金属（如镁、锌、铝及其合金）成为阳极，在输出电流的过程中逐渐损耗掉，被保护的管道金属成为阴极而免遭腐蚀，所以称电位较负的金属为牺牲阳极。地下管道采用牺牲阳极保护，其决定要素是阳极发生电流、阳极数量和保护长度等。当阳极种类确定后，影响上述参数的是阳极接地电阻和与该阳极保护管段区间的漏泄电阻。前者取决于土壤电阻率，后者取决于管道涂层电阻和涂层的施工质量。牺牲阳极使用寿命与重量有关，根据需要可用几年到几十年。牺牲阳极具有投资省、管理简便、不需要外电源、防止干扰腐蚀效果好等优点，所以广泛应用在地下金属管道防腐中。

所谓的外加电流法就是利用直流电源，负极接于被保护管道上，正极接于阳极地床。电路连通后，管道被阴极极化。当管道对地电位达到最小保护电位时，就可以获得完全的阴极保护。平常所使用的直流电源都可以，其中以整流器居多。直流输出一般在60伏、30安以下。新型的直流电源多用于缺电的地区，主要有温差发电器、太阳能电池等。阳极地床是与直流电源正极相连的，与大地构成良好电气接触的导电体，或称为阳极接地装置；常用材料有碳钢、高硅铁、石墨、磁性氧化铁等。通常在土壤电阻率低、保护电流易于分布、又不干扰邻近地下构筑物的地方设置阳极地床。阳极与管道的埋设位置相对应，有浅埋远距离阳极和深阳极两种。为了对阴极保护参数进行测定，鉴定管道阴极保护效果，沿管道需设置检测点和检查片。配套使用的检测仪表有高阻伏特计、安培计、硫酸铜电极等。20世纪70年代以来，开始采用与管道航空巡线相结合的阴极保护参数遥测系统，配以电子计算机，对所测数据进行处理。外加电流阴极保护单站保护距离一般可达几十千米，这种方法广泛应用在长输管道阴极保护。

电蚀防止法

电蚀防止法主要可以分为三个方面：第一，是在杂散电流源有关设施上采取措施，使漏泄电流减小到最低限度；第二，是在敷设管道时尽量避开杂散电流地区，或提高被干扰管段绝缘防腐层质量，采用加装绝缘法兰、屏蔽等措施；第三，是对干扰管道作排流保护，也就是将杂散电流从被干扰管道排回产生漏泄电流的电网中，以消除杂散电流对管道的腐蚀。根据应用的范围和排流设备的不同性能，可以分为极性排流、强制排流和直接排流三种。对交流干扰电压的防护，很多国家都有相关技术的规定，主要采用两类方法来使管道免遭损害，分别是安全距离和管道泄流这两类方法。

◎输油管道的安全管理

管道投产的安全措施

准备工作：长输管道的试运投产就在全线管道安装、检查合格，所有设备安装调试完毕，通讯、测试系统安全可靠，联络畅通，电力等能源供应和油品产销有保证的基础上进行。在试运投产前应做好下面的准备工作：组织准备，指挥机构、工作人员；技术准备，制定投产方案、操作规

程；物质准备，燃料油、机具、水源等；抢修准备，队伍、装备等。

泵站和加热站的试运投产

站内管道试压：无论是站内高的压管道系统，还是低压管道系统，都要进行强度和严密性试压，并应将管段试压和站内整体试压分开，避免因阀门不严而使管道试压稳定要求受到影响。

各类设备的单体试运：泵机组、加热炉、油罐、消防系统。

站内联合试运：在进行联合试运前，要先对各系统进行试运。在各系统试运完成后，再进行全站联合试运。

全线联合试运

输油管道在站间试压和预热前，必须先把管内的杂物都进行清扫干净，以免使站内的设备受到损坏和油品的输送受到影响。输油干管大都是采用输水通球扫线和排出管内空气。

在输水通球过程中，要注意观察发球泵站的压力和压力变化，对管道的输水量进行记录，主要是用来判断球在管内的运行情况和运行位置。

在进行站间管道试压时，通常是用常温水作为介质，管道试压采用在一个或两个站间管段静止压力的方法。

试压可以分为两个阶段：强度性试压和严密性试压。严密性试压通常是取管道允许的最大工作压力；试压压力控制，都是以泵站出站压力为准，但要求管道最低点的压力不得超过管道出厂的试输压力。而对于那些地形起伏大的管道，站间试压前必须进行分段试压合格，确保处于高点位置管段的承压能力符合设计要求。

管道运行安全管理：主要工艺参数控制；严格执行安全操作规程；输油设备定期检修与维护；做到管理规范和制度化。

管道的保护安全措施：防腐系统的保护；自然地貌的保护；穿、跨越管段的保护；管道检测与安全评价。

管道维护和抢修的安全措施：制定切实可行的应急计划预案；采用维护和抢修的新技术；非开挖修复技术；注剂式带压密封技术；在线带压焊接技术；带压粘接修复技术；建立管道维护抢修就急反应系统。

管道泄露的检测与监测

管道泄露的检测方法：第一是直接观察法，这种方法最简单的是请有经验的工人或经过训练的动物巡查管线，通过看、听或其他的方式来判断是否发生泄露。近年来，美国一家公司开发出一种机载红外检漏技术革新，它是由直升机携带一个高精度的红外摄像机，沿管线飞行，通过分析管内输送介质与周围土壤之间的细微温差，来检查长输管线是否有泄露发生；第二是检漏电缆法，这主要是通过专用的电缆来检查的方法。一般用于检查输送流动类燃料的管线的泄露。通常，电缆与管线平行铺设，当泄露的烃类物质渗入电缆之后，将会引起电缆特性的变化，从而可以依据这些变化，来检查出管线的泄露。

管道泄露的检测系统：对管线的泄露，在某一个时间所进行的测试，叫做检测；但如果是在相当长的一段时间过程中，连续不断地实时进行检测，就称为监测。既能监测管线的泄露，又能监控管线的运行状况系统，也就是监控和数据采集系统。

检漏系统的评估指标：检测时间主要是指管线自发生泄露开始，到检测系统检测发现泄露所经历的时间的长短；定位精度，主要是指测定出的泄露点位置的精确度，它是以误差范围的大小来表征的。当发生不同等级的泄露时，对泄露点位置测定的误差范围大小应作为评估指标。检测细度，是指针对泄露量大小的检测的精细程度。要求泄露检测系统应具有将最小的泄露的泄露点检测出来的能力。

▶ **知 识 窗**

·中缅油气管道·

2009 年 12 月，中国石油天然气集团公司与缅甸能源部签署了中缅原油管道权利与义务协议，明确了中石油作为控股方的东南亚原油管道有限公司在中缅原油管道建设运营上所承担的权利和义务。协议规定，缅甸联邦政府授予东南亚原油管道有限公司对中缅原油管道的特许经营权，并负责管道的建设及运营等。东南亚原油管道有限公司同时还享有税收减免、原油过境、进出口清关和路权作业等相关权利。协议还规定，缅甸政府保证东南亚原油管道有限公司对管道的所有权和独家经营权，保障管道安全。中缅油气管道是继中哈原油管道、中亚天然气管道和中俄原油管道之后又一条重要能源进口通道。它包括原油管道和天然气管道，可跨越马六甲海峡，对保障能源安全有重大意义。

中缅油气管道境外和境内段分别于 2010 年 6 月 3 日和 2010 年 9 月 10 日正式开工建设。

| 拓展思考 |

1. 根据什么条件选择焊接材料？
2. 压力钢管在什么情况下采用封头？
3. 伸缩节在压力管道中起什么作用？
4. 对发生振动压力钢管采取哪些有效措施消除振动？

综
合 交 通 运 输

ZONGHE JIAOTONGYUNSHU

第六章

交通运输是现代社会经济发展的基础，交通运输的发达程度是人们生活质量的体现，也是产品国际竞争力高低的体现。而综合运输是在社会生产发展到一定历史阶段产生的，它是在五种运输方式的基础上组建起来的。综合运输体系是对单一的运输方式而言，是各种运输方式在社会化的运输范围为和统一的运输过程中，按照其技术经济特点组成分工协作、布局合理、连接贯通、有机结合的交通运输综合体，形成统一的运输过程，是生产力发展到一定阶段的产物。

综合交通运输概述

Zong He Jiao Tong Yun Shu Gai Shu

交通运输业是国民经济的基础，只有加快交通运输业的发展，打下坚实的基础，才能促进国民经济的持续、健康、稳定和协调发展。随着经济的快速发展，加快综合交通运输体系的建设，是中国未来交通运输业发展的重要方向，具有现实、深远的意义。

现代的交通运输业主要是由铁路、公路、水路、航空和管道五种主要运输方式组成的。每一种运输方式都有其特定的运输路线和运输工具，形成了各自的技术运营特点、经济性能和使用范围。公路运输时效性好、机动灵活、通用性强，可以实现"门到门"运输；铁路运输是我国的主力运输，它的运输能力大、费用低、连续性强，可以全天候运行；水路运输占地少、费用低、能力大、投资省，特别是沿海和长江，不仅是国内运输的干线，而且是国际运输的重要通道，在对外贸易，吸引外资和技术引进方面都有明显的优势；航运速度快，舒适性强好，是大城市间及边远地区长途客运的重要力量，我国在实行对外开放后，航空运输的作用就更为显著了；管道运输能力大、占地少、成本低，是运输石油和天然气的最佳工具。

交通运输网就是由彼此协作、相互补充与紧密配合的各种运输方式的交通线路、港站和枢纽共同组成，并以交通线路为连接线，交通港站与枢纽为连接点，可进行直达运输和联合运输的交通运输网络，具有一定的组合结构与等级层次，是交通运输生产力在地域上组合的具体体现。主要的特点有：①在运输部门结构上具有一定的组合特点，且取决于所在区域的资源开发、经济发展、交通位置和自然条件等方面的特征；②有一定的地域等级层次，除最高一级的全国综合交通运输网外，还有大区、省区和地区等其他一些较低等级或层次的综合交通运输网；③由若干地位、作用与功能不同的交通线路（全国主干线路、开发或先锋线路）所组成；④为地域生产综合体（全国、大区域地区生产综合体）的一个重要环节，其分布图式大体与其所在区域的对外运输联系及区内各地间运输联系的总格局相近似。它们的区别不仅表现在各自所覆盖的地域范围的大小，而且在技术装备水平、设施规模和结构特点等方面的都存在有明显的差别，并以此来适应不同层次地域经济体系的发展对交通运输所提出的种种不同需要。

各种运输方式的合理布局

Ge Zhong Yun Shu Fang Shi De He Li Bu Ju

由于铁路、公路、水路、航空和管道等运输方式，都有自己的运输路线、运输设备及技术管理特征，并形成各自的体系，因此综合交通运输体系的建设是一项非常复杂而又艰巨的任务。其中合理地布局综合交通运输的体系，是各种运输方式协调的前提和基础，是实现各种运输方式互相合作的方法和手段。

综合运输体系合理布局，首先是交通运输发展要满足国民经济发展的需要，保证达到国民经济的总需与共给的平衡。在综合交通运输体系的布局规划中，必须根据各地区的自然条件，对土地进行有效地利用，同时要遵循山川、河流、领域、领空等自然资源的原则；根据地区经济发展水平、客货流量、流向、经济结构和物产等，选择合理的运输方式，也就是说要协调发展，形成有效合理的交通运输体系。另外，随着市场经济的发展，城市交通也在不断地发展，现在城市化的进程越来越显得重要和突出，其中所牵涉到的服务对象和运行特征也属于交通运输业的范畴，在研究规划综合交通运输体系问题时，也要将其考虑到其中。交通运输不但是社会生产力发展的重要构成要素，而且也是我国国防建设的重要组成部分。

综合交通运输体系的发展策略

Zong He Jiao Tong Yun Shu Ti Xi De Fa Zhan Ce Lüe

综合交通运输体系的发展战略政策，主要是根据各国的自然地理、社会和经济的发展、科学技术的进步等条件来制定。

首先，要充分发挥公路运输的机动灵活、通用性强和门到门运输的优势，发挥其在短途客、货运输中的主力作用。随着公路建设成网、汽车技术的进步、大型车辆的增加，公路运输将逐步成为高附加值商品运输以及中、短途运输的重要力量。随着高速公路的大量兴建、干线公路的技术改造，公路运输将在全国综合运输体系中发挥基础的作用。

在我国，铁路仍然是长距离客、货运中的骨干。因此，要加快铁路的技术改造和新线建设，特别是运煤的干线通道、客货繁忙通道及东西部地区间的干线通道、进藏铁路线的建设；要发挥铁路在中、长距离大型货物中的优势，大力发展客运高速、货物运输的重载技术等。

沿海、内河水路运输是大宗和散装货物运输的主要方式之一。为了实现远洋运输和江、海的水路联运，要加强对水运航道的建设，以及海岸和内河港口的改造建设。

随着改革开放的不断发展，国际间的交流与交往越来越频繁，航空运输发挥着不可估量的作用，应得到积极发展。航空运输的建设周期短、效益高、速度快，适合大中城市间长距离的旅客运输；也适用于那些边远地区及少数民族地区急需物资的运输。

除了发展原油和天然气管道运输外，还要在成品油和天然气集中的地区，建设成品油管道、天然气管道，如西气东送输气管道工程，这将极大地促进输气管道所经地区和城市的经济发展。输煤管道的建设在我国今后也会得到适当的发展。

随着世界科学技术的不断发展，交通运输业广泛采用高新技术，以实现交通运输装备的现代化；运输方式的多样化，运输过程的不断统一，各种运输方式分工协作，有协调的配合，朝着建立综合交通运输体系的方向发展，已经成为交通运输业发展的两大趋势。

按照各种运输方式的经济技术特点，建立运输结构合理的综合交通运输体系，使各种运输方式扬长避短，是扩大运输能力、提高经济效益的

方法。

我们在对各种运输方式的分工和协调发展进行考虑时，最主要的就是要满足国民经济对运输需求总运量的协调发展。

我国的领土非常辽阔。每个地区的自然地理条件都是不同的，地区之间和地区内部在运输联系及运输方式的发展和布局上也不同，如西北、西南地区是内地大陆区，应以路上运输为主，铁路、公路在地区间运输联系上起主导作用。西北内地开发石油，则发展管道运输比较合适。在东部和南部沿海地区，运输方式可以是铁路、公路、海运、河运等。在对地区间各种运输方式分工进行研究时，要注意合理安排地区间各种运输方式的协调，以及内部与大通道之间干支线的运输协调，这样才能使分工更合理。

随着客货运量的不断增长和运输范围的不断扩大，客货在运输的全过程中，一般需要利用几种运输方式，经过接力运输才能完成。如在水陆联运中，要考虑铁路、公路的运输设备与能力，陆水衔接换装和港口能力、枢纽内部能力和航运能力的协调。在采用了新的运输技术后，大大提高了运输设备与能力效率，这又将影响运输方式的分工，还要使其相互间的设备和能力尽快达到协调、一致。

要想使各种运输方式合理分工、协调发展，还应该使货物流量、流向与运输径路协调。货物运输量的产生，在很大程度上取决于国家资源和生产力的布局。我国原材料、燃料等大宗物资产地在北部和西部，而加工工业绝大部分在东部和南部，这就决定了大宗货物的流向是从北到南，由西向东。因此我国要形成若干条南北向、东西向的运输大通道，主要有东北地区的南北通道、能源基地外运通道、中部地区的东西通道、西部地区通道、进出山海关通道、西南地区通道以及承担90%以上的进出口任务的沿海主要港口及其后集疏通道，从而形成各种运输方式合理分工、协调发展的综合交通运输体系。

▍知识窗

·智能交通控制系统·

智能交通控制系统：智能交通控制系统是一个基于现代电子信息技术面向交通运输、车辆控制的服务系统。它的突出特点是以信息的收集、处理、发布、交换、分析、利用为主线，为交通参与者提供多样性的服务。就是利用高科技使传统的交通模式变得更加智能化，更加安全、节能、高效率。

21世纪是公路交通智能化的世纪，人们将要采用的智能交通控制系统，是一种先进的一体化交通综合管理系统。在该系统中，车辆靠自己的智能在道路上自由行驶，公路靠自身的智能将交通流量调整至最佳状态，借助于这个系统，管理人员对道路、车辆的行踪将掌握得一清二楚。

拓展思考

1. 你在选择运输方式时，所根据的条件是什么？
2. 我国目前的交通与智能交通与发达国家还有哪些差距？
3. 我国的综合交通运输中存在哪些缺点？
4. 我国目前发展综合交通运输体系的背景是什么？

我

第七章

国交通运输业的发展史和前景

WOGUO JIAOTONG YUNSHU YE DE FAZHAN SHI HE QIANJING

本世纪的前 20 年是我国社会经济发展的重大战略机遇时期，是我国实现小康社会并走向全面发展的关键阶段，面对世界技术全球化、工业化、城镇化的挑战。大力推进交通运输快速、高效、安全、绿色的运输体系，已经成了建设资源节约型、环境友好型社会的重中之重。在提高人民生活水平、参与国际经济技术的合作竞争、推进区域经济协调发展等都对交通运输提出了新的更高要求。

公路运输的发展前景

Gong Lu Yun Shu De Fa Zhan Qian Jing

我国从修建牛、马车路到建成现代化的公路网的发展过程，大体可划分三个时期：古代道路、近代道路和现代公路。

◎中国古代道路（公元前 21 世纪～公元 1911 年）

中国早在公元前 2000 年前就有了可以行驶牛、马车的道路。据《古史考》记载："黄帝作车，任重致远。少昊时略加牛，禹时奚仲驾马"。西周时（公元前 1066～前 771 年）道路初具规模。在道路规划方面有"匠人营国，国中九经九纬，经涂九轨，环涂七环，野涂五轨"（《周礼》）的记载；在道路管理方面有"司空视途"，"列树以表道，立鄙食以守路"，"雨毕而除道，水涸而成梁"（《周语》）的记载；在道路质量方面有"周道如砥，其直如矢"（《诗经》）的记载。

到了战国时期，秦惠王开始修建陕西至四川的褒斜栈道。这条栈道是在峭岩陡壁上凿孔架木，铺板而成的一条通道。

秦朝时期，秦始皇在道路修建方面强调"车同轨、书同文"（《史记》），并"为驰道于天下"（《汉书》），在修建车马大道、统一道路宽度等方面采取了一系列措施。公元前 500 年左右，随着一些城市的兴起和发展，形成了许多商队道路。公元前 2 世纪，中国通往中亚细亚和欧洲的丝绸之路开始发展起来。

秦汉时期发展了馆驿制度，十里设亭，三十里设驿。西汉设亭道路延续总长可达十万里。中国古代道路发展的鼎盛时期就是唐代，它已初步形成以城市为中心的四通八达的道路网。宋代、元代、明代对驿道网的建设和管理也有所发展。清代的道路网系统则分为官马大路、大路、小路三等。"官马大路"指的是由北京向各方辐射，通往各省城；"大路"则是指自省城通往地方重要城市；而"小路"是指自大路或各地重要城市通往各市镇的支线。在各条道路的重要地点设驿站。"官马大路"可以分成四大干线：东北路、东路、西路和中路，共长 2000 多千米。

在古代，我国道路的建设就取得辉煌的成就，如李春设计创建的赵州桥、工程艰巨的栈道，在中国和世界道路发展史上都占有一定地位。

◎中国近代道路（1912～1949 年）

自从 20 世纪初汽车进入中国以后，通行汽车的公路开始发展起来。中国近代道路发展的时期是从推翻清朝建立中华民国到中华人民共和国成立，但发展速度比较缓慢，并屡遭破坏，多数地区的主要交通设施还是原有的马车路（有的也可勉强通行汽车）和驮运道。这个历史时期大致可分为四个阶段：清末和北洋政府时期、国民党政府前期、抗日战争时期和解放战争时期。

清末和北洋政府时期（1912～1927 年）：是中国公路的萌芽阶段。中国最初的公路是龙州——那堪公路，是苏元春在 1908 年驻守广西南部边防时兴建的，长 30 千米，但因工程艰巨，只修通龙州至鸭水滩一段，长 17 千米。1915 年两广巡阅使陆荣廷指挥工兵修筑邕（宁）武（鸣）公路长 42 千米，1919 年通车。1917 年谭浩明用军饷招工修筑龙州至水口公路，长 33 千米，1919 年通车。1917 年中国参加第一次世界大战，为军用而开辟了张家口至库伦运输线，全长 965 千米，于同年 10 月 11 日开始客运。1913 年湖南兴修长沙至湘潭公路长 50 千米，1921 年竣工。民国初年张謇倡建的江苏省南通唐闸至天生港公路（长 6 千米），南通至狼山公路（长 10.37 千米）开始修建，并于 1916 年修通。广东省的惠（州）平（山）公路，长 33.2 千米，1913 年开工，1921 年 5 月 1 日通车。1920 年华北五省遭受旱灾，以工代赈招集灾民修筑了山东省的烟（台）潍（坊）公路，1922 年 8 月试车通行。这些公路修建都较早，一般都是从军路开始，以地方发动，民间集资或商人集资方式修建的。当时东南沿海各省处于军阀割据和混战情况下，大都各自为政，互不联系，修建的公路既无规划，又无标准。据统计，截至 1927 年，中国公路通车里程约为 29000 千米。

国民党政府前期（1927～1936 年）：是公路开始纳入国家建设规划阶段。1927 年，国民政府的交通部和铁道部草拟了全国道路规划及公路工程标准。1932 年，全国经济委员会筹备处奉命督造苏、浙、皖三省联络公路，仿照国外中央贷款筑路办法，筹集基金，贷给各省作为补助筑路之用，并组织三省道路专门委员会统筹规划工作。1932 年冬，在督造苏、浙、皖三省联络公路的基础上，在浙江溪口召开了苏、浙、皖、赣、鄂、湘、豫七省公路会议，除确定七省的督造路线外，还将陕、甘、青等省和赣、粤、闽边境的重要公路纳入督造之列，在西北地区，修筑西（安）兰（州）公路和西（安）汉（中）公路，使陕、甘、川三省交通得以连贯。

据统计，截至 1936 年 6 月中国公路通车里程达到 117300 千米。

抗日战争时期（1937～1945 年）：抗战初期，几条主要铁路（如平汉、粤汉等）运输干线，几乎都被日本侵略军切断，上海、广州等口岸也被封锁，为沟通大后方交通和打通国际道路，公路成为陆上交通主要通道。在那个时候，为抗日战争的急需而抢修了一些公路。在北战场抢修了以石家庄为中心的石德（州）、石保（定）、石沧（州）等军用公路，抢修了环绕北战场外围的太原至大同和晋南、豫中等公路，总长达 3600 余千米。在南战场主要抢修了苏、浙、皖三省被破坏了的桥梁。此后，随着战场的转移，赶筑或改善汴（开封）洛（阳）、广（州）韶（关）、武（昌）长（沙）、汉（口）宜（昌）公路以及鄂省东北、东南通达皖赣各地的干线和支线，疏畅以武汉为中心的辐射线交通网。同时，在西北改善了西（安）兰（州）公路、兰（州）新（疆）公路，在西南修筑和改善了川陕公路、滇缅公路，整修了川湘公路和湘黔、黔桂、川黔、黔滇以及湘桂公路。这一时期新建公路共 14431 千米，其中多数是远在地理与自然条件均较恶劣的边陲地区，不论勘测设计或施工，工程都是十分艰巨的，其使用多服务于军事，对标准和质量要求不高，而且时兴时废，往往是修筑和破坏交替发生。据统计，截至 1946 年 12 月，中国公路总里程达 130307 千米。

解放战争时期（1946～1949 年）：抗战胜利后，由于进行解放战争，公路交通以军用为主。公路建设的进展不大，特别是国民党军队溃退时，公路遭到严重破坏。截至中华人民共和国建立前夕，全国公路能通车的只剩下 75000 千米。

从中国近代道路的整个历史时期看，中国公路的发展是从无到有，从少到多，并随着交通量和车辆载重量的增大，线路和桥梁标准逐步有所提高。但是因为没有足够的资金，也没有公路建设的规划，即使有规划，也起不到相应的作用，致使建成的公路在分布上是很不合理的。1942 年统计，东部几省公路每 50 平方千米有 1 千米，而西北及西南各省每 800 平方千米有 1 千米。

以公路工程技术来说，修建的公路多为泥结碎石路面。1933 年到 1946 年间，先后在南京、重庆、昆明、乐山等地进行了水泥混凝土、块石、级配碎石、水泥稳定土、沥青表面处治、弹石等各种类型的路面试验，但因为受到战争的影响，试验成果很少应用。这个时期只在滇缅公路上修筑了 157 千米的双层沥青表面处治路面和 100 千米的弹石路面；在乐（山）西（昌）公路修筑了 62 千米的级配碎石路面；水泥稳定土路面为数不多。

在抗战期间筑路机械虽已在滇缅公路等修筑中开始引进，但由于机械配件和燃料的供应比较困难，也是很难推广使用。

在桥涵结构方面，少数采用悬索吊桥、钢桁架（梁）桥、钢筋混凝立梁式桥（包括悬臂梁、T形梁、连续梁等），因建筑材料多需进口而建造不多。较普遍采用的是永久式或半永久式的圬工结构，不但可以因地制宜、就地取材，又容易办到。

在公路养护方面，抗日战争前多数地区的公路缺乏经常养护，只有少数路线建立了养路道班。1938年，当时的中央政府公布了一些有关养护管理的规章制度，但缺乏技术要求内容。由于路面多是泥结碎石或天然土路，而桥梁又多是木制或石（砖）砌的，各省自订的一些养护技术要求十分简单。1947年，公路总局公布了《养路须知草案》，共120多条，包括了路基、路面、桥涵、渡口、房屋等工程设施保养的内容。

◎中国现代公路（1949～1983年）

中华人民共和国成立以后，中国公路建设逐步进入了现代化的时期。其发展过程经历了五个阶段。

国民经济恢复时期（1949～1952年）：在这个时期内，从上到下建立了公路管理机构，并建立了设计、施工和养护的专业队伍。同时，国家颁布了一系列重要法规，对公路留地办法、公路养护办法、动员民工整修公路办法、养路费征收办法等等作出了明确的规定。这个时期内，又进行了全国公路普查，全面恢复并改善了原有公路。到1952年底，公路通车里程达到12.6万千米，有路面的里程达5.5万千米。同时由国家或各省、市、自治区投资，专业队伍负责设计施工，重点公路建设迅速发展，如康藏公路（后改称川藏公路）、海南岛公路、成（都）阿（坝）公路、昆（明）洛（打洛）公路、广（州）海（安）公路、沈（阳）大（连）公路、福（州）温（州）公路等相继兴建。对一些原有的重要干线，如川陇、川湘、川滇、川康、京塘等公路进行了改建。公路交通的发展，有力地支援了抗美援朝战争和全国的建设事业，并为第一个五年计划的实施打下了基础。

第一个五年计划时期（1953～1957年）：是公路建设稳定发展阶段。各级公路部门补充完善了各项管理制度和技术规范，公路建设队伍进一步充实发展，使各项工作走上了正轨。这个时期内确立了通过养护、分期改善和逐步提高公路质量的方针；确定了依靠群众、就地取材、大规模改善土路、加铺各种路面的原则；创立了泥结碎石路面加铺级配磨耗层和保护层的养护技术；还推行了一些措施，如木桥防腐、改良工具等，大大改善了路况。在此期间，已开工的公路干线迅速建成通车，并继续修建了沈（阳）丹（东）公路、通（远堡）庄（河）公路、潍（坊）荣（成）公路、新藏公路等干线。国务院于1955年公布了《改进民工建勤养护公路和修建地方道路的指示》，使专业队伍和群众力量密切结合起来，加快了建设速度。在这个时期内，县乡公路也得到了普遍的发展，公路通车里程和路面里程增长了一倍，分别达到25.4万千米和12.1万千米，桥梁达到3.5万座，55.1万延米。

"大跃进"时期和国民经济调整时期（1958～1966年）：是公路数量猛增、再进行巩固的阶段。1958年，制定了"简易公路"的标准，公路里程猛增，但质量标准较低。1962年，公路建设开始了调整、巩固、充实、提高的阶段，恢复和完善了若干基本政策和制度，调整健全了公路机构和建设队伍，试验推广了渣油路面、双拱桥和钻孔灌注桩桥基等技术成果。在此期间，重点建设了一些国防干线公路如水（口）漳（平）线、徐（州）连（云港）线以及中尼公路等。据统计，截至1965年底，公路通车里程达到51.4万千米，有路面里程达到30.5万千米，其中高级、次高级路面由1962年的571千米增长到5547千米，桥梁增长到10.4万座，156.6万延米，公路绿化里程达到18万千米。

十年动乱时期（1966～1976年）：公路建设仍有发展。渣油路面发展较快，十年中增长了10万千米；还相应地改善了线路标准；绝大部分木桥改建为永久性桥梁，使桥梁永久式比重由原来45%左右提高到90%以上；一大批干线上的渡口也改建为桥；公路自办工业有了较大发展，机械设备逐年增加。国防边防公路建设和县社公路建设也有不少进展。截至1976年底，公路里程增长到82.3万千米，有路面里程增长到57.9万千米，其中高级、次高级路面（主要是渣油表处路面）达到10.8万千米，桥梁达到11.7万座，293万延米。公路绿化里程达到25.4万千米。但是，由于"文化大革命"对公路修筑、管理和养护的影响和破坏，有的地区路况下降，工程质量事故和交通事故相当严重。

社会主义经济建设新时期（1977～1983年）：是公路改革和提高的新阶段。在这个时期内，恢复并改革了各项规章制度，加强养护，扭转了路况下降的局面，对原有已使用超龄的渣油路面进行了及时维修补强。1979年进行了全国公路普查和国道网的划定工作。自1977～1983年的7年中，新增公路9万多千米，永久式桥梁近2万座，100万延米。在此期间，建成了北京—密云、沈阳—抚顺、南京—六合等一级公路以及多条二级公路截至1983年底，全国公路通车里程达到91.5万千米，比1949年增长

10.5 倍；铺有路面的里程达到 70.5 万千米，其中高级、次高级路面为 18 万千米，比 1949 年增长 570 倍；桥梁总计 13.9 万座，399.4 万延米，其中永久式比重由 1949 年的 30% 左右提高到 96.3%。在全长 5400 多千米的黄河上，1949 年只有一座兰州黄河铁桥，到 1983 年，从青海的黄河源到山东入海口，已建成公路桥近 40 座，其中洛阳黄河桥全长 3492 米，济南黄河公路桥主孔跨度为 220 米，北镇黄河桥桩深 107 米。在长江上，也已建成各种类型的公路桥 20 座。

我国的现代公路科学技术已经有了很大的进步。在路面工程方面发展了石灰稳定土路面基层；创立和发展了泥结碎石路面和砂石路面的养护、改善技术；研究利用国产多蜡渣油和沥青修筑了高级、次高级路面；大大提高了公路的行车条件。在路基工程方面成功研究了一整套路基爆破新技术；在盐湖地区修筑了世界上少有的盐块路；在高原多年冻土地区修成了沥青路面；在冰冻地区发展了防治公路翻浆的措施。在桥梁工程方面提出了石拱桥实际承载能力的计算理论和方法，建成了最大跨径为 116 米的四川九溪沟桥，创造了民族风格的省工省料的双曲拱桥，最大跨径已达 150 米。在桥型上也有了很大的发展，如箱形拱桥、钢架拱桥、扁壳桥、少筋微弯板组合梁桥等。在桥梁基础方面试验成功了一整套适合国情的钻孔灌注桩技术，大大加快了建桥进度，降低了造价。另外，还学习、引进了各种国外先进技术，如乳化沥青、预应力混凝土桥，各种勘测设计新技术以及交通工程学的理论和应用等。在公路养护方面随着公路和汽车数量的增长，增加了养护里程，使养路的队伍逐渐增大。截至 1983 年底，经常养护的公路已占总里程的 80% 以上，基层养路段有 2700 多个，养路道班近 5 万个，固定的养路从业人员达 78 万余人。公路养护质量逐年有所提高。同时对公路逐年进行一些技术改造，提高了公路的通行能力和抗御灾害能力。

随着社会经济的不断发展，科学技术的不断提高，我国交通的基础设施和运输装备不断改善，为公路运输市场的快速发展创造了有利条件，也使公路客货运输的平均运距不断延长。现在，我国的公路运输行业正处于快速发展的成长期，在国民经济运行和增长中发挥着日益重要的作用。未来几年，我国公路运输的发展趋势主要表现在以下几个方面：

公路运输需求将继续保持快速增长

在近 20 多年来，由于科学技术的水平不断地提高，我国公路基础设施建设也得到了迅速发展，公路运输能力大大提高，在国民经济增长和人民生活水平提高方面发挥着越来越重要的作用。但如果与日益增长的运输

需求相比，公路运输仍存在着供给不足的问题。随着我国经济的进一步发展，公路运输的需求会继续保持快速增长。在公路货运中大宗货物、初级产品所占的份额逐渐呈下降趋势时，对运输服务质量和服务水平的要求也是越来越高。

公路运输将与现代物流日益融合

中国经济发展新的生产力，就是由第三方物流企业组成的新的物流服务行业。物流业作为现代一种新的经济运行方式，已成为国民经济的重要服务部门之一。随着公路运输需求水平的逐步提高，公路货运中小批量、多品种、高价值的货物越来越多，在运输的时间性和服务质量方面的要求越来越高。因此，公路运输企业必须提高自身的物流服务水平，以满足日益提高的客户服务的要求。公路运输加速向现代物流的发展和融合，不仅是为了满足现有的国内市场的需求，同时更是为了应对经济全球化潮流和我国在加入 WTO 后所带来的各种压力和挑战。在这样的背景下，近年来一些大型公路运输企业的物流意识迅速增加，一些嵌进的企业已开始从单纯的客货运公司发展成为能够提供多种物流服务的现代物流公司。

智能运输系统是未来公路运输的发展方向

智能运输系统简称 ITS。它是指将先进的信息技术、数据通讯传输技术、电子控制技术及计算机处理技术等综合运用于整个地面运输管理体系，使人、车、路及环境密切配合、和谐统一，使汽车运行智能化，从而建立一种在大范围内，全方位发挥作用的实时、准确、高效的公路运输综合管理系统。

智能运输系统不仅可以使交通堵塞减少，降低汽车运输对环境的污染，提高公路交通安全水平，还可以使公路网的通行能力提高，汽车运输生产率和经济效益的提高。随着智能运输系统技术的发展，通信技术、信息技术、电子技术和系统工程等高科技在公路运输领域将得到广泛应用，物流运输信息管理、运输工具控制技术、运输安全技术等均将产生巨大的飞跃，从而大幅度提高公路网络的通行能力。

公路货运将向快速、长途专重载发展

随着区域经济的发展以及公路基础设施和车辆的不断改进，中长距离公路运输需求增加，公路货运向快速、长途、重载方向发展。大吨位、重型专用运输车因高速安全、单位运输成本低而成为我国未来公路运输车辆的主力。专用车产品向重型化、专用功能强、技术含量高的方向发展。厢

式运输车、罐式运输车、半挂汽车列车、集装箱专用运输车、大吨位柴油车及危险品、鲜活、冷藏等专用运输车辆将围绕提高运输效率、降低能耗、确保运输安全大目标发展。

集约化经营、规模化发展，是公路客运发展的方向

公路客运在社会经济发展和人们出行中，是能够提供最广泛服务的重要产业，在综合运输体系中起着基础性作用。随着国民经济持续发展和人民生活水平不断提高，公路客运市场需求也有了转折性的变化，从"走得了"向"走得好"转变。同时，随着公路基础设施建设的大规模投入、高等级公路特别是高速公路的快速发展，为提高公路客运营运质量提供了优良的条件。社会经济发展的大环境以及通达能力、运行条件改善的小环境，都对公路客运发展方向提出了战略性转变的要求。中国现阶段客运发展战略的主要取向就是集约化经营、规模化发展。

现有公路客运在这种趋势下，所经营的主体"多、小、散、弱、补的状况，已跟不上市场需求的变化。所以，公路客运企业应以"安全、快捷、舒适"为基本要求，提高营运质量，走集约化经营、规模化发展之路。

铁路运输的发展前景

Tie Lu Yun Shu De Fa Zhan Qian Jing

迄今为止，中国铁路已有 100 多年的历史：从其第一条营业铁路——上海吴淞铁路——1876 年通车之时算起，是 123 年；从其自办的第一条铁路——唐胥铁路——1881 年通车之时算起，也有 118 年了。

近百年来，中国的铁路事业经历了新旧两个根本性质不同的社会。无论是从经济上还是从政治上，这都决定了它在其发展历程中必然会遭遇到两种截然不同的命运和前途。

旧中国的铁路事业，虽然说是史无前例的产业，但却带有半殖民地半封建的性质。它的建设、发展和经营都被帝国主义、封建主义和官僚资本主义所控制，其发展的速度缓慢，经营惨淡。新中国的铁路事业虽以旧中国的铁路设备为其物质基础，但由于是在中国共产党和人民政府的领导下，一贯坚持自力更生、艰苦奋斗、勤俭建国的方针，在 20 世纪 70 年代后期以来，又贯彻执行了改革开放的政策，不仅迅速而彻底地改变了旧铁路的半殖民地半封建性质，而且也取得了前所未有的辉煌成就。

中国的铁路事业在其长达 50 年的发展历程中，也不是一帆风顺的。它经历了由小到大、由少到多和由弱变强的渐进过程，在其前进的道路上也充满了坎坷与曲折，欢笑与泪水，经验与教训，胜利与失败。

这 70 年对中国的铁路来说，是自强不息、坚忍不拔、披荆斩棘、前赴后继的 70 年，这 70 年又自有其曲折的变化和发展。20 世纪 70 年代末和 80 年代初，中国铁路进入改革开放新时期。在新的路线和新的方针、政策指引下，铁路事业推陈出新，突飞猛进。

◎我国铁路运输业发展现状及存在的主要问题

随着我国不断地深化改革开放以及对经济产业结构的调整，交通运输企业也展现了前所未有的活力和光彩，各种运输方式也是迅猛地发展。铁路作为国民经济的大动脉，也是最大众化的交通运输工具，具有运能高、运距远、成本低、占地少、全天候、安全好、能源省、污染小等特点与优势，在国民经济中占有举足轻重的地位。

◎我国主要铁路干线运输状况

目前，在我国的干线铁路运输密度严重饱和的情况下，货运也只能满足需求的 60%，煤炭等重点运输物资也只能是"以运定产"，货车被迫迂回运输，仅绕行京九线每年造成的损失就高达 1.58 亿元。春运 40 多天，为调整运力，主要干线短途客车基本停开，货物列车大量减少。

（1）我国铁路季节性运能紧张。我国铁路运输效率世界第一，是靠牺牲货运保客运、牺牲短途保中长途、牺牲服务质量换取运输能力等非正常措施取得的。铁路客运面临的最大难题是季节性运能紧张。在春运、暑运、"五一""十一"等客流集中的 120 多天里，全路日发送旅客最高达 470 万人，直通旅客量更高达 170 万人以上，是平时客流的 2～3 倍。2010 年春运，全国铁路共发送旅客 1.36 亿人次，比上年同期增长 5%，再创历史新高。

（2）货运需求得不到满足。全国每天货运装车需求有 14～16 万车，铁路只能满足 60% 左右，大量货物不能及时承运。以享受"重点运输"优惠待遇的煤炭运输为例，尽管煤运数量 2005 年比 2004 年增运 6.8%，比 1985 年增运 57.8%，达到 8.2 亿吨，但全国日均请求车满足率仍不到 60%，许多煤炭企业只能"以运定产"，甚至影响到电力企业"因煤限电"。运输密度大，运输能力紧张饱和。部分繁忙干线货运能力十分紧张。据《人民日报》登载：京沪、京广、京哈、京九、陇海、浙赣等六大干线，平均运输密度 8,100 万吨/千米，是全路平均值的 3 倍，是俄罗斯平均值的 5 倍、日本的 6 倍、美国的 7 倍、德国的 20 倍、英国的 22 倍，大部分区段运输能力已接近 100%。

（3）我国铁路现有技术装备情况。改革开放以来，我国的铁路虽然有较大的发展，但技术装备水平及质量仍远远落后于全社会日益增长的运输需求。2005 年全世界铁路营业总里程约 120 万千米，完成工作量 8.5 万亿换算吨千米，我国铁路营业里程虽然只占全世界的 6%，却完成了全世界铁路工作总量的近 1/4。

铁路运输的密度大。2005 年我国铁路运输密度为 3,550 万吨/千米，是美国的 2.44 倍，日本的 2.58 倍，印度的 2.75 倍，法国的 7.92 倍，英国的 9.65 倍。

装备水平低，维修成本高。铁路机车车辆安全可靠性不高，存在危及运输安全的大量隐患，设备功能难以满足服务质量的要求，设备运用和维修成本高，需要运营单位大量的人力、物力和财力支持。

列车速度慢。发达国家铁路运行时速已经达 200～300 千米，2000 年世界高速铁路总长达 6，858 千米。经过四次大提速，我国主要干线特快列车的最高时速达到了 140～160 千米，但是目前旅客列车技术速度只有 71.4 千米，旅行速度只有 62 千米；货物列车技术速度和旅行速度更低，分别只有 41.7 千米和 32.4 千米。

客货混跑、互相干扰。我国的铁路都是客货混跑的模式，除了即将投入运营的秦沈客运专线外。

（4）我国的路网分布现状。从《人民铁道报》等权威报刊的统计中显示，我国的铁路路网呈不均衡的分布，路网密度小，而与之相配套的铁路机构则非常庞大、人员也非常的多、管理效率低、运输主业负担沉重。我国铁路网主要分布在东北、华中和华北地区，而我国的西北、西南等西部经济不发达的地区铁路总量是很少的，在一定程度上限制了这些地区的经济发展，成为地区经济发展的"瓶颈"。

按每平方千米拥有的铁路里程比较：中国 0.56 千米/万人，加拿大 16.180 千米/万人，俄罗斯 5.900 千米/万人，美国 5.55 千米/万人，法国 5.00 千米/万人，德国 4.40 千米/万人，英国 2.85 千米/万人，日本 1.59 千米/万人，印度 0.63 千米/万人。从数据中我们看到：中国仅为加拿大的 3.5%，美国的 10%，人均才 5.6 厘米，不及半根铅笔长，在世界排名 100 位之后；而另一方面铁路运输企业却是"国中之国"，机构庞大、人员众多。除仅拥有直接从事运输生产的车、机、工、电、辆等部门外，文、教、卫、生单位虽然已于 2003 年交地方，但公、检、法及一些附属工厂仍然存在，职工近 300 万人。据有关资料统计表明显示：在美国，1.5 人管理 1 千米铁路；而在我国，43 个人管理 1 千米铁路，足以可见之间的效率的差距有多大。

（5）我国铁路运输现行价格机制。计划经济时代形成的铁路现行价格机制缺乏灵活性，使得铁路运输企业不能运用这双"无形的手"调节客货运量，在一定程度上不仅对铁路自身的发展造成了一定的约束，而且也造成了在不同时期、不同区段运量的巨大差异。旧的体制使铁路无法运用"价格"这支"无形的手"调节客货运量，造成运能紧张，有时又使得运能没有很好的效果；而另一方面由于铁路运价由铁道部统一制定，路局、站段只能执行，没有调整的权利，致使运输站段没有办法根据市场信号来调整运价使物资分流，造成部分铁路区段货源流失。

◎铁路运输行业发展思路

（一）制定铁路交通运输行业发展战略的基本前提

近十几年来，经过市场经济的导向改革，铁路交通运输行业所依存的经济环境和基础，已发生了翻天覆地的变革，面对新世纪的新形势，铁路运输行业制定发展战略必须注意以下两个基本前提：

（1）将铁路交通运输行业放在优先考虑的战略位置。在以前曾有过这样的一种观点，铁路是夕阳产业，已处于行业发展的衰退期，其实无论从我国铁路与经济发展的实际情况考察，还是从西方铁路复苏的国际比较考察，也或者是从交通运输可持续发展的角度考察，铁路都是需要大发展的重要交通运输方式，它正处于行业的成熟发展期。从我国铁路运能短缺这一基本事实判断，铁路运输行业处在行业的成长期，应加大发展力度，以尽快发挥其应有的经济和社会效益。占地较少、对环境影响不大的铁路运输，特别是电气化铁路和城市轨道运输，应成为我国交通运输体系发展的战略重点。

（2）依行业市场化趋势制定行业发展战略规划。铁路运输行业市场化的表现在于：①铁路运输市场化的另一个推动因素是交通运输市场的激烈竞争。铁路运输行业开始留意研究公路、水路、管道和航空运输的动态和规律，从以前的市场垄断走向市场竞争。②同一时期，铁路运输生产正常运行所必备的各种生产要素，如钢材、水泥、木材和柴油等，在国民经济市场化的总格局中，也日益市场化，使铁路运输生产的供给主要求助于市场，推动其经营成本随市场价格波动而升降。③进入上世纪九十年代之后，铁路货物运输需求主体单一的格局已不复存在。多元化的市场经济主体决定了多元化的运输需求主体，瞬息万变的市场行情产生了灵活多样的运输需求，使铁路运输的经营环境向市场化转变。

（二）我国铁路交通运输行业发展战略步骤选择

（1）通过上市融资。实行股份制改造的目的是拓宽融资渠道，解决铁路建设资金主要依赖于铁路建设基金的收取与国家开发银行的长期借贷而成的长期性的极度短缺问题。其他渠道资金的进入为铁路加快建设速度和更大程度上扩展规模注入了强劲的动力，更重要的是有助于铁路部门引进新的经营管理理念、建立新机制。而其他渠道资金的筹集主要是通过公司上市来解决。

（2）对铁路运输行业进行股份制改造。近百年来，股份制是被实践证明为行之有效的资产组织形式，它不但可以迅速聚集社会资本，而且又可以完善公司法人治理结构。铁路行业在完成主辅业分离的前提下，选择业内的优质资产，也就是盈利能力强、管理效率高的资产，结合主干线、客运专线和城际客运铁路等项目建设，寻求境内外投资者，进行股份制改造，实现企业持续快速发展。

（3）积极推进铁路行业技术引进开发，提高行业服务质量。众所周知，科学技术是第一生产力，科学技术是现代产业进步的最终驱动力，包括与之相适宜的管理技术，员工和资金都因科学技术的光明前景而重新优化组合，以实现更高水平的产业生产力。这种技术效应是不可阻挡也无法回避的时代潮流，可谓顺之者盛，逆之者衰。我国铁路系统经过近年来的技术引进和自主开发，铁路技术的开发应用呈现出加速追赶的趋势。当前的工作重点是高速铁路系统技术开发及建设；铁路行车安全技术保障系统开发；重型优质钢轨及新型轨枕制造；编组站自动化、装卸作业机械化及货场设备制造；铁路客货运信息系统开发等。

（4）实现运输主业和辅业分离。根据铁道部的统计数据，中国铁路现在职工人数为 228.41 万，其中运输主业职工 152.68 万人，非运输主业职工队伍较庞大，这是世界上其他国家的铁路行业所没有的现象。铁路办社会，大而全，势必制约铁路运输主业的发展。铁路系统中的社会公共部门，如公检法、医院和学校等社会性、事业性单位应该撤离出铁路系统，这些单位可以说都与铁路运输没有直接关系，长期"捆绑"在一起将导致运输主业专业优势不突出，竞争能力低下。

（5）注重和其他运输行业协调配合，创建交通运输领域"共赢"格局。在我国的五大运输行业中，彼此之间不仅存在着资源和市场的竞争，而且还存在着因各自优劣势相异而需要协调配合的实际可能，因此就可能会出现两种结局：恶性竞争和良性竞争。恶性竞争是不突出和强化自己的运输专业优势，不讲究服务的质量和方式，而是拼命压低运输价格，大打价格战，最后落得个共败共伤的结局，既浪费了经济资源，又造成了社会效益的损失；而良性竞争则刚好与此相反，五大运输行业坚守着各自的目标市场，运输价格不下降或略微上扬，在运输服务的质量和方式上下足功夫，靠服务和技术创新来赢得市场，这种竞争方式不但对经济资源进行了合理的配置，而且也创造了越来越大的社会效益。

◎我国铁路运输行业发展问题解决方法

（一）硬件改革思路

（1）提高速度。交通运输在发展过程中的最主要的一个话题就是运行速度的提高。任何一种运载工具都是在特定的介质中运行。随着科学技术的进步，交通运输能够克服介质阻力而不断提高前进速度。但是，如果与提速带来的效益相比没有明显的优势，那么这种提速也就没有生命力。因此，对于任何一种运输方式来说，都是有一个经济提速的空间的。

各种运输方式提速的方法也是有一些共同的特点的：首先，必须加大牵引力来获得足够大的驱动和制动功率，才能克服周围介质的阻力，跑得快、停得住；其次，必须有动力特性优良的运载工具，自重轻、阻力小、运行平稳、确保安全；另外，在运输基础设施方面也应尽量平直，减少对运载工具的干扰。

（2）提高载重。如果说客运最关注速度的话，那么货运首先要考虑的就是载重。客运高速化和货运重载化共同构成了现代交通运输的主体。

重载货运是综合运用一系列高新技术的结果。超强材料和结构的采用、超常功率的牵引和制动、大宗货物的集散和管理等，都是各种运输方式实现重载化马上要解决的问题。

（二）软件改革思路

（1）智能化。智能运输系统（ITS）是通过对关键基础理论模型的研究，将先进的信息技术、通信技术、电子控制技术和系统集成技术等有效地应用于交通运输系统，从而建立起大范围内发挥作用的实时、准确、高效的交通运输管理系统。信息化是现代化交通运输的必由之路，而智能化则是信息化的高级阶段。当前发展的重点方向就是智能交通系统。

（2）环保化。环境持续性危机对交通运输有着很大的影响。例如，汽车尾气对大气的污染、油船的泄漏和垃圾排放对水的污染、公路铁路施工中的不合理取土和填方、飞机、汽车、火车等噪声污染、电气化铁路和通信线路的电磁干扰等，这些都说明了建设生态洁净型的现代交通运输系统是非常重要的。

铁路运输行业的发展问题不但是一个很重大的理论课题，而且也是一个很严肃的实践问题，因为通过中国铁路建设与发展的历史回顾和中外铁路行业的对比分析，很容易得出铁路运输行业物质基础薄弱的结论，发现

存在着运能短缺的问题，而仅有这些还远远不够，问题的关键是：铁路运输行业如何在技术飞速进步、行业竞争激烈的时代条件下确定自己的发展战略以及如何实现自己的发展战略。品牌的竞争是 21 世纪服务业最主要的竞争方式，积极主动与国际管理模式接轨，进行质量认证，取得进入国际市场的通行证，是市场竞争全球化、国际化的客观要求。中国运输物流企业必须借鉴国内外成功的经验，积极开展质量认证制度，建立品牌战略，实施品牌经营。只有这样，才能保持企业的持续竞争优势。同时，我们也要借以外资运输物流企业的成功经验，对境外的一些业务进行积极开展，向国外市场开拓前进。

水路运输的发展前景

Shui Lu Yun Shu De Fa Zhan Qian Jing

人类发展水运的历史也是源远流长，可以和人类的文明史相媲美。从石器时代的独木舟到现代的运输船舶，大体经历了舟筏时代、帆船时代、蒸汽机船时代和柴油机船时代四个时代。

我国发展水运的自然条件十分优越，大陆海岸线 18000 多千米，岛屿海岸线 14000 多千米，天然河流 5800 多条，总长 430000 多千米，有大小湖泊 900 多个。我们的祖先在很早以前，就在这块有大陆也有海洋特征的广袤的国土上，利用所特有的优良的自然条件发展水运。据记载，在新石器时代，独木舟和排筏在天然河道上就已经广泛使用，到了商代就已经出现了帆船。春秋吴国阖闾九年（公元前 506 年），开凿了世界上第一条运河——胥溪，全长约 100 千米。闻名于世的大运河，开始于春秋吴国，随后又经历了特别是隋、元两代大规模的开凿，沟通了钱塘江、长江、淮河、黄河、海河五大水系，长达 1794 千米。8～9 世纪，唐代对外运输丝绸及其他货物的船舶，直达波斯湾和红海之滨，被誉为海上"丝绸之路"。12 世纪初，我国首先将指南针应用于航海导航。15 世纪初至 30 年代，明朝航海家郑和率领巨大船队七次下西洋，经历亚洲、非洲 30 多个国家和地区，成为世纪航海史上的壮举。但是明、清时期，由于实行海禁和闭关锁国的政策，特别是在 1840 年鸦片战争开始的帝国主义入侵后，严重阻碍了我国的水运事业的发展。

1949 年中华人民共和国成立以后，我国水运事业获得了很大的发展。目前，我国的商船已航行于世界 100 多个国家和地区的 400 多个港口，形成了一个具有相当规模的水运体系，并正以较高的速度向现代化迈进。

水路运输的发展趋势主要可以分为以下几方面：

船舶方面

今后，海洋运输船舶仍将沿着专用和多用途并举的方向发展。内河运输船舶则视航道条件、货物种类和批量大小发展分节驳顶推船队和机动货船，在一些地区拖带船队将继续使用。客运船舶除旅游客船外，高速的水翼客船和气垫客船将得到发展。

客运方面

发展中国家和一些岛国的水路客运仍将在现有水平上有所发展；发达国家的水路客运将以旅游为主。

货运方面

水路货物运输未来发展的主要趋向就是大宗货物的散装运输和杂货的集装箱运输。世界各国对石油、煤炭、矿石、粮食等大宗货物实行散装运输已经是非常普遍的现象了，对件杂货采用集装箱运输的比重将日益增加。近年来，也有一些国家开始着手研究对煤炭、矿石实行浆化运输。

航道方面

在通航河流上应以航运为主，结合发电、灌溉、防洪、供水、渔业等方面进行综合开发和利用。航运网的规划和建设将会受到充分的重视。将重视现场观测，采用河道港口工程模型试验，应用电子计算机，来确定航道疏浚和整治以及港口工程的设计和施工。

港口方面

今后，港口的建设会和工业区的发展建立非常密切的关系，将建设大量深水专业化码头。装卸设备和工艺将会朝着高效率和专用化的方向发展。通过疏浚，进出港航道和码头前沿水深将获得改善，将开辟较宽广的船舶调头区和锚泊地。而突堤码头也将会拓宽，以保证有足够的仓库和堆场。顺岸码头的后方也将开辟出足够的陆域。水陆联运、水水联运将得到发展，以增大港口的集疏运能力。

经营管理方面

对于船舶的选型、装卸工艺和设备选型以及运输组织方案的确定，都将会从全局出发，把经济效益的提高作为前提，通过技术、经济方面进行分析比较论证，从而选出最优的方案。应用系统工程、全面质量管理等方法进行科学管理，用现代化的管理手段——电子计算机收集、储存、处理水运经济管理工作中的信息，进行对水路运输计划的综合平衡和技术经济预测，并且在水路运输生产过程中，要用最少的物化劳动和活劳动的消耗来获得良好的经济效益。